UM PRESENTE PARA

Marília Condcino

DE

Eliabe Brito

DATA

08/12/13

MAX LUCADO

DEUS ESTÁ COM VOCÊ

Esperança e encorajamento para o seu dia a dia

Traduzido por EMIRSON JUSTINO

mundocristão
São Paulo

Os textos das referências bíblicas foram extraídos da *Nova Versão Internacional* (NVI), da Biblica, Inc., salvo indicação específica.

Dados Internacionais de Catalogação na Publicação (CIP)
(Câmara Brasileira do Livro, SP, Brasil)

Lucado, Max
Deus está com você: esperança e encorajamento para o seu dia a dia / Max Lucado; traduzido por Emirson Justino. — São Paulo: Mundo Cristão, 2013.

Título original: The Lucado Inspirational Reader

1. Deus – Amor 2. Deus – Misericórdia 3. Deus – Onipotência 4. Vida cristã
I. Título.

12-09618 CDD-248.4

Índice para catálogo sistemático:
1. Poder de Deus: Vida cristã: Cristianismo 248.4
Categoria: Inspiração

Publicado no Brasil com todos os direitos reservados por:
Editora Mundo Cristão
Rua Antônio Carlos Tacconi, 79, São Paulo, SP, Brasil, CEP 04810-020
Telefone: (11) 2127-4147
www.mundocristao.com.br

1ª edição: março de 2013

A Marcelle Le Gallo, em comemoração pelos trinta anos
de alegre serviço na Oak Hills Church

SUMÁRIO

Agradecimentos

Minha sincera gratidão às centenas de pessoas que contribuíram com seu tempo e seu talento para a criação de meus livros durante mais de 25 anos. Editores, *designers*, impressores, equipes de vendas, funcionários de livrarias, ilustradores, agentes publicitários — sou imensamente grato.

Alguns membros-chave da equipe foram responsáveis por analisar cada página de cada livro: Karen Hill, Liz Heaney, Carol Bartley, Steve e Cheryl Green, Susan Ligon e David Moberg. Palavras não são suficientes para expressar a importância das contribuições de cada um. Obrigado.

Meu profundo amor pela querida família deste lado do céu.

Jesus

Salvador Leal

Quer saber qual é a coisa mais bacana em relação à vinda de Cristo?

Não é o fato de que aquele que brincou de bolinha de gude com estrelas tenha aberto mão disso para jogar bolinha de gude com bolinhas de gude. Ou que aquele que colocou as galáxias no céu tenha aberto mão disso para colocar umbrais de portas para o cliente mal-humorado que queria tudo para ontem mas que só podia pagar alguma coisa amanhã.

Também não é o fato de que ele, num instante, tenha deixado de uma posição em que não tinha nenhuma necessidade para uma na qual tinha necessidade de ar, comida, banho quente e sais para seus pés cansados e, mais que qualquer coisa, necessidade de alguém — qualquer um — que estivesse mais preocupado com o lugar onde passaria a eternidade do que com o uso que faria do salário do mês.

Ou de ter resistido ao impulso de fritar os autoproclamados guardiões baratos da santidade, que ousaram sugerir que ele estava fazendo a obra do diabo.

Também não é o fato de ele ter ficado calmo enquanto seus doze melhores amigos tenham notado o calor e fugido da cozinha. Ou de não ter dado ordem aos anjos, que imploravam: "Apenas um aceno, Senhor. Uma palavra e esses demônios serão transformados em ovos mexidos".

Não é o fato de ele ter se recusado a se defender quando levou a culpa por todo pecado de toda prostituta e de todo marinheiro desde Adão. Ou de ter ficado em silêncio enquanto um milhão de veredictos "culpado" ecoavam no tribunal do céu, e o doador da luz era deixado no frio da noite de um pecador.

Nem mesmo o fato de que, depois de três dias num buraco escuro, ele tenha saído para o amanhecer da Páscoa com um sorriso, uma postura e uma pergunta para um Lúcifer humilhado: "Esse é o seu melhor golpe?".

Isso foi bacana, muito bacana.

Mas quer saber qual foi a coisa mais bacana realizada por aquele que abriu mão da coroa do céu em troca de uma coroa de espinhos?

É que ele fez isso por você. Só por você.

Ele escolheu os cravos

O barulho e a agitação começaram mais cedo que de costume naquela vila. Assim que a noite deu lugar à manhã, as pessoas já estavam nas ruas. Vendedores se posicionaram nas esquinas das avenidas mais movimentadas. Os comerciantes abriram as portas das lojas. Crianças acordaram com o latido animado dos cachorros de rua e a queixa dos jumentos puxando carroças.

O dono da hospedaria acordou antes que a maioria das pessoas da cidade. Afinal de contas, a hospedaria estava cheia, todas as camas ocupadas. Toda esteira e coberta disponível foram postas em uso. Em pouco tempo todos os hóspedes estariam circulando e haveria muito trabalho a fazer.

A imaginação de qualquer pessoa se atiça ao pensar na conversa que o dono da hospedaria teve com sua família à mesa do café. Alguém mencionou a chegada do jovem casal na noite anterior? Alguém perguntou como estavam? Alguém comentou sobre a gravidez da moça que veio montada num jumento? Talvez. Talvez alguém tenha levantado o assunto. Na melhor das hipóteses, porém, se a questão foi levantada, não chegou a ser discutida. Não havia nada de extraordinário neles. Foram provavelmente apenas mais uma das muitas famílias rejeitadas naquela noite.

Além do mais, quem tinha tempo para conversar sobre eles diante de tamanha agitação no ar? Augusto fez um enorme favor à economia de Belém quando decretou a realização de um censo. Quem poderia se lembrar daquilo numa hora de tanto movimento no vilarejo?

Não, é muito difícil que alguém tenha mencionado a chegada do casal ou se preocupado com a condição da moça. Estavam ocupados demais. O dia seria cheio. Tinham de ganhar o pão do dia. As tarefas da manhã precisavam ser realizadas. Havia coisas demais a fazer para imaginar que o impossível havia acontecido.

Deus viera ao mundo como um bebê.

Todavia, se alguém tivesse a oportunidade de ver o estábulo de ovelhas na periferia de Belém naquela manhã, que cena única teria contemplado.

> Havia coisas demais a fazer para imaginar que o impossível havia acontecido. Deus viera ao mundo como um bebê.

O estábulo tem o cheiro de qualquer outro estábulo. O cheiro forte de urina, esterco e ovelhas impregna o ar de forma pungente. O chão é duro, a palha é escassa. Teias de aranha estão penduradas no teto e um rato corre pelo chão sujo.

Não poderia haver lugar mais modesto para nascer.

Do lado de fora há um grupo de pastores. Estão sentados no chão, em silêncio; talvez perplexos, talvez com medo, certamente maravilhados. Sua vigília noturna fora interrompida por uma explosão de luz vinda do céu e uma sinfonia de anjos. Deus vai até aqueles que têm tempo de ouvi-lo — assim, naquela noite sem nuvens, ele foi até simples pastores de ovelhas.

Ao lado da jovem mãe está o pai esgotado. Se há alguém sonolento ali, é ele. Não se lembra da última vez que se sentou. Agora que aquela agitação havia diminuído um pouco, agora que Maria e o bebê estavam confortáveis, ele se encosta na parede do estábulo e sente os olhos pesarem. Ele ainda não entendeu tudo. O mistério do evento o confunde. Mas está sem forças para lidar com aquelas questões. O importante é que o bebê está bem e que Maria está segura. Conforme o sono chega, ele se lembra do nome que o anjo pediu que ele usasse... Jesus. "O nome dele será Jesus."

Maria, porém, está bem acordada. Puxa, como ela é jovem! A cabeça repousa sobre o couro macio da sela de José. A dor foi suplantada pela admiração. Ela examina a face do bebê. Seu filho. Seu Senhor. Sua Majestade. Nesse ponto da história, o ser humano que melhor compreende quem Deus é e o que está fazendo é a adolescente deitada naquele estábulo malcheiroso. Ela não consegue tirar os olhos dele. De alguma forma, Maria sabe que está segurando Deus. "Então este é ele." Ela se lembra das palavras do anjo: "Seu Reino jamais terá fim" (Lc 1.33).

Ele parece qualquer coisa, menos um rei. Seu rosto está amassado e vermelho. Seu choro, embora forte e saudável, ainda é o indefeso e comovente choro de um bebê. Seu bem-estar depende totalmente de Maria.

Majestade em meio ao simples. Santidade na sujeira do esterco e no cheiro das ovelhas. A divindade entrando no mundo no chão de um estábulo, através do ventre de uma adolescente e na presença de um carpinteiro.

Ela toca a face do Deus-bebê. “Como sua jornada foi longa!”

> Ele parece qualquer coisa, menos um rei. Seu rosto está amassado e vermelho. Seu choro, embora forte e saudável, ainda é o indefeso e comovente choro de um bebê.

Aquele bebê contemplara todo o universo. Os panos que o mantinham aquecido eram as vestes da eternidade. A sala do trono dourado fora abandonada por um sujo redil de ovelhas. E anjos adoradores foram substituídos por pastores bondosos, mas confusos.

Enquanto isso, a cidade murmura. Os comerciantes ignoram que Deus visitou seu planeta. O dono da hospedagem jamais acreditaria ter mandado Deus para o frio. E o povo zombaria de qualquer um que lhe dissesse que o Messias dorme nos braços de uma adolescente na periferia da cidade. Todos estavam ocupados demais para considerar essa possibilidade.

Aqueles que perderam a chegada de Sua Majestade naquela noite perderam-na não por conta dos atos malignos ou da malícia; não, perderam porque simplesmente não estavam olhando.

Pouca coisa mudou nos últimos dois mil anos, não é?

DEUS CHEGOU MAIS PERTO

O que você faz com um homem que afirma ser Deus, mas odeia religião? O que você faz com um homem que chama a si mesmo de Salvador, mas condena os sistemas? O que você faz com um homem que sabe o lugar e a hora de sua morte, mas vai para lá mesmo assim?

A pergunta de Pilatos é sua também. “Que farei então com Jesus?” (Mt 27.22).

Você tem duas opções.

Você pode rejeitá-lo. Essa é uma opção. Como muitas pessoas, você pode decidir que a ideia de Deus se tornar um carpinteiro é bizarra demais e simplesmente se afastar.

Ou você pode aceitá-lo. Você pode seguir na jornada com ele. Você pode ouvir sua voz no meio de centenas de outras e segui-lo.

QUANDO OS ANJOS SILENCIARAM

VINTE E CINCO PERGUNTAS PARA MARIA

1. Como era vê-lo orar?
2. Como ele reagia ao ver outras crianças rindo durante o culto na sinagoga?
3. Ele mencionou um dilúvio em alguma das vezes em que viu um arco-íris?
4. Você se sentiu estranha ao ensinar-lhe como ele havia criado o mundo?
5. Ele reagiu de modo estranho quando viu um cordeiro sendo levado para o matadouro?
6. Você o viu com um olhar distante no rosto, como se estivesse ouvindo alguém que você não podia ouvir?
7. Como ele se comportava nos funerais?
8. Alguma vez lhe passou pela cabeça a ideia de que o Deus a quem você estava orando dormia debaixo de seu próprio teto?
9. Você tentou contar as estrelas com ele... e conseguiu?
10. Alguma vez ele veio para casa com um olho roxo?
11. Como ele agiu quando cortou o cabelo pela primeira vez?
12. Ele tinha algum amigo chamado Judas?
13. Ele ia bem na escola?
14. Você o repreendeu alguma vez?

15. Alguma vez ele perguntou algo sobre as Escrituras?
16. O que você acha que ele pensava quando via uma prostituta oferecendo pela melhor oferta o corpo que ele havia criado?
17. Alguma vez ele ficou irritado com alguém que foi desonesto com ele?
18. Você o pegou pensativo, olhando para a carne de seu próprio braço enquanto segurava um torrão de terra?
19. Alguma vez ele acordou com medo?
20. Quem era o melhor amigo dele?
21. Como ele reagia quando alguém se referia a Satanás?
22. Você o chamou acidentalmente de Pai?
23. Sobre o que ele e seu primo João conversavam quando eram crianças?
24. Os outros irmãos e irmãs dele entendiam o que estava acontecendo?
25. Alguma vez você pensou: "Deus está comendo a sopa que eu fiz"?

DEUS CHEGOU MAIS PERTO

Tenho uma ilustração na qual Jesus está rindo. Ela está pendurada na parede em frente à minha escrivaninha. É um desenho muito bom. A cabeça para trás. A boca aberta. Os olhos animados. Ele não está apenas sorrindo. Não está apenas rindo. Ele está gargalhando. Ele não ouvia uma como aquela já fazia algum tempo. Ele tem dificuldade para recuperar o fôlego.

Recebi a gravura de um sacerdote episcopal que carrega charutos no bolso e coleciona retratos de Jesus sorrindo. "Dou os retratos a qualquer um que possa estar inclinado a levar Deus a sério demais", explicou ele, enquanto me dava o presente.

Ele acertou em cheio.

Não sou uma pessoa que tem facilidade para imaginar um Deus sorridente. Um Deus choroso, sim. Um Deus irado, tudo bem. Um Deus poderoso, pode apostar. Mas um Deus sorridente? Parece muito, muito, muito improvável que Deus faça isso — ou que seja assim. O que simplesmente mostra quanto conheço — ou não conheço — sobre Deus.

O que acho que ele estava fazendo quando esticou o pescoço da girafa? Um exercício de engenharia? O que penso que ele tinha em mente quando disse ao avestruz onde colocar a cabeça? Estudo das cavernas? O que imagino que ele estava fazendo quando planejou o grito de acasalamento de um macaco? Ou as oito pernas de um polvo? E como imagino a cara que ele fez quando viu o primeiro olhar de Adão para Eva? Que ele deu um bocejo?

Dificilmente.

À medida que minha visão melhora, e sou capaz de ler sem meus óculos manchados, vejo que o senso de humor talvez seja a única maneira de Deus ter nos tolerado por tanto tempo.

> Você realmente consegue imaginar Jesus com uma face melancólica enquanto brinca com as crianças no colo?

É ele com um sorriso enquanto Moisés dá uma segunda olhada na sarça ardente que fala?

Ele está sorrindo mais uma vez quando Jonas chega à praia, pingando suco gástrico e cheirando a bafo de baleia?

Ele pisca o olho enquanto vê os discípulos alimentarem milhares apenas com o lanche de um menino?

Você acha que a face dele não tem expressão quando ele fala sobre o homem com uma trave no olho que aponta para o cisco no olho de seu amigo?

Você realmente consegue imaginar Jesus com uma face melancólica enquanto brinca com as crianças no colo?

Não, eu acho que Jesus sorria. Acho que ele riu um pouco das pessoas e muito com elas.

UM DIA NA VIDA DE JESUS

Jesus poderia ter sido um "Zé". Se Jesus viesse hoje, seu nome poderia ser João, José ou Antônio. Se estivesse aqui hoje, dificilmente ele se distanciaria usando um nome pomposo como Reverendo Santidade Divina Angelical III. Não, quando Deus escolheu o nome que seu filho iria carregar, optou por um nome humano (Mt 1.21).

Ele escolheu um nome tão comum que poderia aparecer duas ou três vezes em qualquer lista de chamada escolar.

Em outras palavras, "aquele que é a Palavra tornou-se carne", disse João (Jo 1.14).

Ele era tocável, acessível, alcançável. E, além disso, era comum. Se estivesse aqui hoje, você provavelmente não o notaria enquanto ele caminhasse por um *shopping center*. Ele não atrairia olhares por conta das roupas que usava ou das joias que exibia.

"Pode me chamar de Jesus", é quase possível escutá-lo dizer.

Ele era o tipo de pessoa que você convidaria para assistir ao clássico do domingo na sua casa. Ele rolaria no chão com seus filhos, tiraria uma soneca no seu sofá e prepararia uma picanha na sua churrasqueira. Ele riria das suas piadas e contaria algumas também. Quando você falasse, ele escutaria como se tivesse todo o tempo da eternidade.

> Ele era tocável, acessível, alcançável. {...} "Pode me chamar de Jesus", é quase possível escutá-lo dizer.

E uma coisa é certa: você o convidaria de novo.

Vale a pena notar que aqueles que o conheciam melhor se lembravam dele como Jesus. Os títulos Jesus Cristo e Senhor Jesus aparecem apenas seis vezes. Aqueles que caminharam com ele se lembravam dele não por um título ou uma designação, mas por um nome: Jesus.

Pense nas implicações disso. Qual foi o meio usado por Deus quando decidiu revelar a si mesmo à humanidade? Um livro? Não, isso foi secundário. Uma igreja? Não, isso foi consequência. Um código moral? Não; limitar a revelação de Deus a uma fria lista de pode ou não pode é tão trágico quanto olhar para um mapa do Amazonas e dizer que você viu a floresta.

Quando decidiu revelar a si mesmo, Deus o fez (surpresa de todas as surpresas) através de um corpo humano. A língua que chamou o morto era uma língua humana. A mão que tocou o leproso tinha sujeira debaixo das unhas. Os pés sobre os quais a mulher chorou eram calejados e poeirentos. E suas lágrimas... ah, não se esqueça das lágrimas... Elas vieram de um coração tão partido quanto o seu ou o meu já estiveram.

"Pois não temos um sumo sacerdote que não possa compadecer-se das nossas fraquezas" (Hb 4.15).

> E suas lágrimas... ah, não se esqueça das lágrimas... Elas vieram de um coração tão partido quanto o seu ou o meu já estiveram.

Por isso, as pessoas iam até ele. Puxa, como elas iam até ele! Chegavam à noite; tocavam nele quando ele passava pela rua; seguiam-no em volta do mar; convidavam-no a ir à casa delas e colocavam os filhos aos pés dele. Por quê? Porque ele se recusou a ser uma estátua numa catedral ou um sacerdote num púlpito elevado. Em vez disso, ele escolheu ser Jesus.

Não existe nenhuma indicação de alguém que tenha ficado com medo de se aproximar dele. Houve aqueles que zombaram dele. Houve aqueles que tiveram inveja dele. Houve aqueles que o interpretaram mal. Houve aqueles que o respeitaram. Mas não houve nenhuma pessoa que o considerasse santo demais, divino demais ou celestial demais para ser tocado. *Não houve ninguém que tenha relutado a se aproximar dele com medo de ser rejeitado.*

Lembre-se disso.

Lembre-se disso da próxima vez que você se surpreender diante de seus próprios erros.

Ou da próxima vez que acusações ácidas abrirem buracos em sua alma.

Ou da próxima vez que você vir uma catedral fria ou ouvir uma liturgia sem vida.

Lembre-se. É o homem quem cria a distância. É Jesus quem constrói a ponte.

"Pode me chamar de Jesus."

DEUS CHEGOU MAIS PERTO

Jesus afirma ser não um grande teólogo, um teólogo *completo* ou mesmo o *Supremo* Teólogo, mas, em vez disso, o *Único* Teólogo. "Ninguém conhece realmente o Pai, a não ser o Filho" (Lc 10.22, NBV). Ele não diz "ninguém conhece realmente o Pai *como* o Filho" ou "*do jeito* que o Filho conhece". Em vez disso, ele diz: "Ninguém conhece realmente o Pai, a não ser o Filho".

3:16 — A MENSAGEM DE DEUS PARA A VIDA ETERNA

ꟗ

Jesus não foi um homem semelhante a Deus, nem um Deus semelhante a um homem. Ele foi o Deus-homem.

Trazido à luz com a ajuda de um carpinteiro.

Banhado por uma camponesa.

Criador do mundo com cicatriz umbilical.

Autor da Torá que teve de aprender a Torá.

O humano do céu. E porque ele o foi, às vezes coçamos a cabeça, piscamos os olhos e ficamos olhando sem entender. Momentos como:

Bordeaux em vez de H_2O.

Um aleijado que patrocina a dança da cidade.

Um lanche individual que satisfaz cinco mil barrigas.

E, acima de tudo, uma sepultura: guardada por soldados, selada por uma pedra, mas ainda assim abandonada por um homem morto havia três dias.

O que fazemos com esses momentos?

O que fazemos com tal *pessoa*? Aplaudimos os homens por fazerem coisas boas. Glorificamos a Deus por fazer grandes coisas. Mas e quando um homem faz as coisas de Deus?

Uma coisa é certa: não podemos ignorá-lo.

Por que faríamos algo assim? Se esses momentos são factuais, se a declaração de Cristo é verdadeira, então ele foi, ao mesmo tempo, homem e Deus.

Lá estava ele, a pessoa mais importante que já viveu. Esqueça o Craque do Ano; ele é a confederação inteira. O líder do desfile? Dificilmente. A rua é dele e não tem pra ninguém. Quem chega perto? O melhor e o mais brilhante da humanidade perde todo brilho, parecendo rubis de uma loja de quinquilharias quando se colocam ao lado dele.

Desprezá-lo? Não podemos.

Resistir a ele? Igualmente difícil. Não precisamos de um Salvador Deus-homem? Um Jesus Deus-justo poderia nos criar, mas não nos entender. Um Jesus homem-justo poderia nos amar, mas nunca nos salvar. Mas e um Jesus Deus-homem? Perto o suficiente para ser tocado. Forte o suficiente para se confiar nele. Um Salvador que mora ao lado.

Um Salvador considerado irresistível por milhões. Nada se compara ao "ganho inestimável de conhecer a Cristo Jesus, meu Senhor" (Fp 3.8, NBV). O prêmio do cristianismo é Cristo.

Você viaja até um ponto turístico famoso apenas para comprar a camiseta de lembrança ou a peça de artesanato local? Não. A recompensa do ponto turístico é o ponto turístico. A percepção surpreendente de que você faz parte de algo antigo, esplêndido, poderoso e maior que você.

> Mas Cristo é a fortaleza inexpugnável da fé.
> Ter comunhão com ele. Caminhar com ele.
> Meditar nele. Explorá-lo.

O prêmio do cristianismo é Cristo. Não dinheiro no banco, não um carro na garagem, não um corpo sadio ou uma autoimagem melhor. Esses talvez sejam resultados secundários ou terciários. Mas Cristo é a fortaleza inexpugnável da fé. Ter comunhão com ele. Caminhar com ele. Meditar nele. Explorá-lo. A percepção de tirar o fôlego de que nele você é parte de algo antigo, infindável, impossível de ser parado e insondável. E de que ele, que pode escavar o Grand Canyon com o dedo mínimo, acredita que você é digno da morte dele numa cruz romana. Cristo é a recompensa do cristianismo. Por qual outra razão Paulo faria dele seu desejo supremo? "Quero conhecer Cristo" (Fp 3.10).

Você deseja o mesmo? Minha ideia é simples. Vamos contemplar alguns lugares pelos quais ele passou e algumas pessoas a quem ele tocou. Junte-se a mim numa busca por essa característica de ser homem e Deus. Você poderá se surpreender.

O mais importante é que você pode ser transformado. "E todos nós, que com a face descoberta contemplamos a glória do Senhor, segundo a sua imagem estamos sendo transformados com glória cada vez maior, a qual vem do Senhor, que é o Espírito" (2Co 3.18).

Ao contemplá-lo, nós nos tornamos como ele.

O SALVADOR MORA AO LADO

Amado tem o sentido de "inestimável" e "singular". Não há outro como Cristo. Moisés. Elias. Pedro. Zoroastro, Buda ou Maomé. Ninguém no céu ou na terra. Jesus, declarou o Pai, não é "um filho" e nem mesmo "o melhor de todos os filhos". Ele é o "Filho amado".

SEM MEDO DE VIVER

No mesmo instante em que sua divindade se tornava inalcançável, bem na hora em que sua santidade se tornava intocável e assim que sua perfeição se tornava inimitável, o telefone toca e uma voz sussurra: "Ele era humano. Não se esqueça. Ele tinha carne".

Na hora certa somos lembrados de que aquele a quem oramos entende nossos sentimentos. Ele conhece a tentação. Ele se sentiu desanimado. Ele teve fome, sentiu sono e se cansou. Ele sabe como nos sentimos quando o despertador toca. Ele sabe como nos sentimos quando nossos filhos querem coisas diferentes ao mesmo tempo. Ele balança a cabeça, compreensivo, quando oramos irados. Ele se compadece quando lhe dizemos que há mais coisas para fazer do que jamais poderá ser feito. Ele sorri quando confessamos nosso cansaço.

Mas somos gratos a João por optar incluir o versículo 28 no capítulo 19 de seu evangelho. Lemos simplesmente isto: "Tenho sede".

Não era o *Cristo* que estava com sede. Era o carpinteiro. E aquelas são palavras de humanidade no meio da divindade.

Essa frase bagunça o esboço do seu sermão. As outras seis declarações estão mais "de acordo". São clamores pelos quais poderíamos esperar: o perdão aos pecadores, a promessa do paraíso, o cuidado de sua mãe, até mesmo apelar a Deus dizendo: "Meu Deus! Meu Deus! Por que me abandonaste?" é uma coisa poderosa (Mt 27.46).

Mas "tenho sede"?

Bem na hora em que havíamos entendido tudo. Bem na hora em que a cruz estava embalada e definida. Bem na hora em que o manuscrito estava concluído. Bem na hora em que havíamos inventado todas aquelas bonitas e claras palavras terminadas em "ação", como santificação, justificação, propiciação e purificação. Bem na hora em que colocamos nossa grande cruz dourada sobre nossa grande torre dourada, ele nos lembra que "a Palavra tornou-se carne" (Jo 1.14).

Ele quer que nos lembremos de que ele também era humano. Ele quer que saibamos que ele também conheceu o zumbido do enfado e o cansaço que surge com os dias longos. Ele quer que nos lembremos de que nosso desbravador não usava colete à prova de balas, nem luvas de borracha, nem uma armadura impenetrável. Não, ele abriu o caminho da nossa salvação por entre o mundo que você e eu enfrentamos diariamente.

Não, ele abriu o caminho da nossa salvação por entre o mundo que você e eu enfrentamos diariamente.

Ele é o Rei dos reis, o Senhor dos senhores, e a Palavra da vida. Mais do que nunca, ele é a Estrela da manhã, a poderosa salvação e o Príncipe da paz.

Mas há momentos em que somos restaurados ao nos lembrar de que Deus se fez carne e habitou entre nós. Nosso Mestre soube o que significava ser um carpinteiro crucificado que teve sede.

SEU NOME É SALVADOR

Quanto mais vivemos em Cristo, maior ele se torna em nós. Não é que ele mude, mas nós é que mudamos; passamos a ver mais dele. Percebemos dimensões, aspectos e características que nunca vimos antes; crescentes e surpreendentes acréscimos de pureza, poder e singularidade. Descartamos *boxes* e velhas imagens de Cristo como roupa usada. Não ousamos vincular Jesus a esse ou aquele partido político. Certeza arrogante se torna curiosidade humilde. Definir Jesus com uma doutrina ou confiná-lo a uma opinião? De jeito nenhum. Será mais fácil prender o Caribe numa rede de borboletas do que prender Cristo num *box*.

No final das contas, reagimos como os apóstolos. Também curvamos a face e adoramos.

SEM MEDO DE VIVER

Milagres

MISTÉRIOS DA MAJESTADE

Vamos a Deus com humildade. Sem arrogância, sem orgulho, sem declarações do tipo "eu me garanto". Não exibimos os músculos nem destacamos qualquer realização. Levamos corações sujos nas mãos e os oferecemos a Deus como se fossem uma flor esmagada e sem cheiro: "O Senhor pode trazer isso à vida de novo?".

E ele traz. *Ele* traz. Nós não. Ele realiza o milagre da salvação. Ele nos submerge em misericórdia. Ele costura de novo nossa alma esfarrapada. Ele deposita seu Espírito e implanta dons celestiais. Nosso grande Deus abençoa nossa pequena fé.

FAÇA A VIDA VALER A PENA

João Batista viu uma pomba e creu. James Whittaker viu uma gaivota e creu. Quem vai dizer que aquele que enviou a primeira não enviou a segunda?

James Whittaker era membro de uma tripulação de elite que pilotava os caças B-17 Flying Fortress, capitaneada por Eddie Rickenbacker. Qualquer pessoa que se lembre de outubro de 1942 se lembrará do dia em que Rickenbacker e sua tripulação foram dados como perdidos no mar.

Em algum ponto do Pacífico, fora do alcance do rádio, o avião ficou sem combustível e caiu no oceano. Os nove homens passaram o mês seguinte flutuando em três botes. Enfrentaram o calor, as tempestades e a água. Tubarões, alguns com mais de 3 metros de comprimento, rondavam as embarcações de pouco mais de 2,5 metros. Depois de apenas oito dias, a comida havia sido consumida ou destruída pela água salgada. Seria necessário um milagre para que eles sobrevivessem.

Certa manhã, depois de seu culto devocional diário, Rickenbacker reclinou a cabeça no bote e colocou o chapéu sobre os olhos. Um pássaro pousou em sua cabeça. Ele espiou por baixo do chapéu. Todos os olhares estavam sobre ele. Rickenbacker instintivamente sabia que era uma gaivota.

Ele agarrou a ave e a tripulação a comeu. Os intestinos do pássaro foram usados como isca para pegar peixes, e a tripulação sobreviveu para contar a história. Uma história sobre uma tripulação abandonada, sem esperança ou ajuda à vista. Uma história sobre orações feitas e orações respondidas. Uma história sobre um visitante de uma terra desconhecida que viajou uma enorme distância para dar sua vida como sacrifício.

Uma história de salvação.

Uma história muito parecida com a nossa. Assim como a tripulação, não estávamos abandonados? Assim como a tripulação, não estávamos orando? E, assim como a tripulação, não fomos resgatados por um visitante que nunca vimos, através de um sacrifício do qual nunca nos esqueceremos?

Talvez você já tenha ouvido a história de Rickenbacker. Talvez a tenha escutado de mim. Pode tê-la lido em um dos meus livros. Coreen Schwenk leu. Ela estava noiva do único membro da tripulação que não sobreviveu, o jovem sargento Alex Kacymarcyck. Devido a uma reunião da tripulação em 1985, a senhora Schwenk descobriu que a viúva de James Whittaker vivia a apenas doze quilômetros de sua casa. As duas mulheres se encontraram e compartilharam suas histórias.

Depois de ler esta história em meu livro *Um dia na vida de Jesus*, a sra. Schwenk sentiu-se compelida a me escrever. O verdadeiro milagre, contou-me, não foi o pássaro sobre a cabeça de Eddie Rickenbacker, mas uma mudança no coração de James Whittaker. O maior acontecimento daquele dia não foi o resgate de uma tripulação, mas o resgate de uma alma.

James Whittaker era incrédulo. A queda do avião não mudou sua descrença. Os dias face a face com a morte não o levaram a reconsiderar seu destino. De fato, a sra. Whittaker disse que seu marido ficava cada vez mais irritado com John Bartak, um membro da tripulação que lia continuamente a Bíblia em particular e em voz alta.

Mas os protestos dele não fizeram Bartak parar de ler. E a resistência de Whittaker não impediu que a Palavra penetrasse em sua alma. Sem que ele soubesse, o solo de seu coração estava sendo cultivado. Pois foi numa manhã, depois da leitura da Bíblia, que a gaivota pousou sobre a cabeça do capitão Rickenbacker.

E naquele momento Jim Whittaker passou a crer.

Ri bastante quando li a carta. Ri não da carta; acredito em cada palavra dela. Também não ri de James Whittaker. Tenho todas as razões para acreditar que aquela conversão foi verdadeira. Mas eu tinha de rir... por favor, me perdoe... eu tinha de rir de Deus.

Isso não é típico dele? Quem iria a tal extremo para salvar uma alma? Tamanho esforço para chamar a atenção de um homem. O restante do mundo está ocupado com a Alemanha e Hitler. Cada manchete de jornal relata as ações de Roosevelt e Churchill. O globo está preso numa batalha pela liberdade, e o Pai está no oceano Pacífico, mandando um pássaro missionário para salvar uma alma. Ah, até onde Deus vai para chamar nossa atenção e ganhar nosso afeto.

> Ah, até onde Deus vai para chamar nossa atenção e ganhar nosso afeto.

OUVINDO DEUS NA TORMENTA

O medo cria uma espécie de amnésia espiritual. Ele embota nossa lembrança de milagres. Ele nos leva a esquecer do que Jesus fez e de como Deus é bom.

SEM MEDO DE VIVER

Alguém que testemunha a mostra diária da majestade de Deus não considera que o segredo da Páscoa seja absurdo. Alguém que depende dos mistérios da natureza para sua subsistência não acha difícil depender de um Deus invisível para alcançar sua salvação.

"A natureza", escreveu Jonathan Edwards, "é o maior evangelista de Deus".

"A fé", escreveu Paulo, "não se apoia na sabedoria dos homens, mas no poder de Deus" (1Co 2.5, paráfrase do autor).

"O testemunho de Deus", escreveu Davi, "faz que o simples seja sábio" (Sl 19.7, paráfrase do autor).

O testemunho de Deus. Qual foi a última vez que você o presenciou? Um passeio por uma campina verdejante com mato até o joelho. Uma hora ouvindo as gaivotas ou olhando as conchas na praia. Ou contemplar raios de sol iluminando a neve numa fria manhã de inverno. Milagres que quase se comparam à magnitude da tumba vazia acontecem por todos os lados; só precisamos prestar atenção.

Chega um momento em que devemos deixar de lado nossa caneta e nossos comentários e sair dos escritórios e bibliotecas. Para realmente entender e acreditar no milagre da cruz, faríamos muito bem em testemunhar os milagres de Deus a cada dia.

SEU NOME É SALVADOR

De onde escrevo posso ver muitos milagres.

Ondas de cristas brancas atingem a praia com regularidade rítmica. Um após o outro, os crescentes vagalhões de água salgada ganham força, corcoveando, subindo e, então, erguendo-se para saudar a praia antes de bater na areia. Quantos bilhões de vezes esse simples mistério se repetiu desde o começo dos tempos?

À distância está um milagre de cores — combinações de azul. O azul marinho do Atlântico encontra o azul claro do céu, separado apenas pelo horizonte, esticado como um fio estendido entre dois postes.

Também dentro do meu campo de visão estão os dois extremos da vida. Uma jovem mãe empurra seu bebê num carrinho, ambos recentes participantes com Deus no milagre do nascimento. Eles passam diante de um senhor idoso, encurvado e de cabelos grisalhos sentado num banco, vítima da ladra da vida: a idade. (Fico imaginando se ele tem consciência do fechamento da cortina de sua vida.)

Atrás deles três meninos chutam uma bola de futebol na praia. Com habilidade natural, eles coordenam incontáveis músculos e reflexos, apoiam e usam juntas perfeitamente planejadas. Tudo para realizar uma tarefa: mover a bola pela areia.

Milagres. Milagres divinos.

Eles são milagres porque são mistérios. Cientificamente explicáveis? Sim. Possíveis de serem reproduzidos? Até certo grau.

Mas ainda assim são mistérios. Eventos que se colocam além de nossa compreensão e encontram suas origens em outro reino. São, em todos os aspectos, tão divinos quanto mares divididos, aleijados que andam e tumbas vazias.

E são igualmente lembretes da presença de Deus como foram os coxos que andaram, os demônios que fugiram e as tempestades que silenciaram. Eles são milagres. São sinais. São testemunhos. São encarnações instantâneas. Eles nos relembram a mesma verdade: o invisível agora pode ser visto. O distante se aproximou. Sua Majestade chegou para ser vista. E ele está no canto mais comum da terra.

Eles nos relembram a mesma verdade: o invisível agora pode ser visto. O distante se aproximou.

De fato, é a normalidade — e não a singularidade — dos milagres de Deus que os torna tão surpreendentes. Em vez de abalar o globo com uma demonstração ocasional de deidade, Deus optou por mostrar seu poder diariamente. De maneira notória. Ondas repetidas. Cores decompostas por um prisma. Nascimento, morte, vida. Estamos cercados de milagres. Deus está lançando testemunhos sobre nós como fogos de artifício, cada um explodindo: "Deus é! Deus é!".

O salmista maravilhou-se diante de tal obra. "Para onde poderia eu escapar do teu Espírito? Para onde poderia fugir da tua presença? Se eu subir aos céus, lá estás; se eu fizer a minha cama na sepultura, também lá estás" (Sl 139.7-8).

Ficamos pensando, com tantos testemunhos miraculosos ao nosso redor, como poderíamos escapar de Deus. Mas, de alguma maneira, fazemos isso. Vivemos numa galeria de arte da criatividade divina, mas, ainda assim, nos contentamos em olhar apenas para o carpete.

Ou, o que é pateticamente pior, exigimos *mais*. Mais sinais. Mais provas. Mais truques na cartola. Como se Deus fosse um mágico de *show* de variedades que pudéssemos chamar pagando uma moeda.

Vivemos numa galeria de arte da criatividade divina, mas, ainda assim, nos contentamos em olhar apenas para o carpete.

Como conseguimos ficar tão surdos? Como nos tornamos tão imunes à maravilha? Por que relutamos tanto em nos deixar comover ou ser atingidos por ela?

Talvez a frequência dos milagres nos cegue em relação à sua beleza. Afinal de contas, quantas fragrâncias há na primavera ou no florescer de uma árvore? As estações não aparecem todos os anos? Não existem incontáveis conchas como esta?

Entediados, dizemos *hum-hum* e substituímos o notável pelo comum, o inacreditável pelo esperado. A ciência e a estatística balançam sua varinha não mágica diante da face da vida, esmagando os *ohs* e *ahs* e substituindo-os por fórmulas e números.

Você gostaria de ver Jesus? Você ousa ser uma testemunha ocular de Sua Majestade? Então redescubra a admiração.

Da próxima vez que você ouvir a risada de um bebê ou vir uma onda no oceano, preste atenção. Pare e escute Sua Majestade sussurrar de maneira extremamente gentil: "Estou aqui".

DEUS CHEGOU MAIS PERTO

Quer ver um milagre? Plante uma palavra de amor no fundo do coração da vida de uma pessoa. Alimente-a com um sorriso e uma oração, e veja o que acontece.

Um funcionário recebe um elogio. Uma esposa recebe um buquê de flores. Um bolo é assado e entregue ao vizinho. Uma viúva é abraçada. Um frentista de posto de gasolina é honrado. Um pregador é elogiado.

Semear sementes de paz é como semear feijões. Você não sabe por que aquilo funciona; simplesmente sabe que funciona. Sementes são plantadas e as camadas superiores de solo ferido são jogadas para longe.

Não se esqueça do princípio. Nunca subestime o poder de uma semente.

Deus não subestimou. Quando seu reino foi ameaçado e seu povo se esqueceu do seu nome, ele plantou sua semente.

Quando o solo do coração humano ficou áspero, ele plantou sua semente. Quando a religião se tornou um ritual e o templo um lugar de troca, ele plantou sua semente.

Quer ver um milagre? Observe-o colocar uma semente de si mesmo no ventre fértil de uma jovem judia.

E "ele cresceu diante dele como um broto tenro, e como uma raiz saída de uma terra seca" (Is 53.2).

A semente passou a vida inteira empurrando de volta as pedras que tentavam mantê-la no subterrâneo. A semente criou um ministério ao remover as pedras que atravancavam o solo de seu pai.

As pedras do legalismo que colocavam peso nas costas.

As pedras da opressão que quebravam ossos.

As pedras do preconceito que isolavam o necessitado.

Mas foi a pedra final que se mostrou ser o supremo teste da semente. A pedra da morte — rolada por humanos e selada por Satanás na frente da tumba. Por um momento pareceu que a semente ficaria presa na terra. Por um momento, parecia que a pedra era grande demais para ser movida.

Mas então, em algum lugar no coração da terra, a semente de Deus se moveu, escavou e brotou. A terra tremeu e a pedra da tumba tombou. A flor da Páscoa brotou.

Nunca subestime o poder de uma semente.

O APLAUSO DO CÉU

ꙮ

João não nos conta tudo o que Jesus fez. Mas ele nos conta aqueles atos que nos levam à fé. João seleciona sete milagres. Ele começa suavemente, com o silencioso milagre da água transformada em vinho, e vai crescendo até chegar ao milagre público da ressurreição de Lázaro. Sete milagres apresentados e sete testemunhas examinadas, cada uma se baseando no testemunho da anterior.

Vejamos se é possível sentir seu pleno impacto.

Imagine que você está num tribunal, um tribunal quase vazio. Quatro pessoas estão presentes: um juiz, um advogado, um órfão e um pretendente a guardião. O juiz é Deus, Jesus é aquele que procura ser o guardião e você é órfão. Você não tem nome, não tem herança, não tem casa. O advogado propõe que você seja colocado sob os cuidados de Jesus.

Quem é o advogado? Um pescador galileu chamado João.

Ele já apresentou seis testemunhas à corte. Chegou a hora da sétima. Mas antes de chamar a testemunha a depor, o advogado rememora o caso. “Começamos este caso com o casamento em Caná.” Ele faz pausas enquanto fala, medindo cada palavra. “Eles não tinham vinho, mais nada. Mas, quando Jesus falou, água se transformou em vinho. O melhor vinho. Vinho delicioso. Vocês ouviram o testemunho dos convidados do casamento. Eles viram o que aconteceu.”

Ele faz outra pausa e, então, prossegue: “Depois, ouvimos as palavras do oficial estrangeiro. Seu filho estava praticamente morto”.

Você se lembra do testemunho do homem e balança a cabeça. Articulado, ele contara como havia procurado todos os médicos e tentado todos os tratamentos, mas nada havia ajudado seu filho. Somente quando ele estava prestes a perder a esperança, alguém lhe falou sobre um homem que fazia curas na Galileia.

Somente quando ele estava prestes a perder a esperança, alguém lhe falou sobre um homem que fazia curas na Galileia.

Com uma pronúncia grave, o dignitário explicara: “Eu não tinha outra escolha. Fui até ele movido pelo desespero. Vejam! Vejam o que o mestre fez por meu filho”. O menino se levantou e você o viu. Era difícil acreditar que uma criança tão saudável tivesse ficado à beira da morte.

Você ouve atentamente enquanto João continua: “Meritíssimo, não se esqueça do homem aleijado perto do poço. Por 38 anos ele não andou. Mas então Jesus chegou e, bem, a corte o viu. Lembram-se? Nós o vimos andar por esta sala. Ouvimos a história dele. E, como se isso não fosse suficiente, também ouvimos o testemunho do menino com um lanche. Ele fazia parte de uma multidão de milhares que seguiam Jesus a fim de ouvi-lo ensinar e vê-lo curar. No momento em que o menino estava prestes a abrir sua lancheira para comer, pediram-lhe que levasse o lanche a Jesus. Num minuto havia um lanche; no minuto seguinte, um banquete".

João faz outra pausa, deixando que o silêncio da corte fale por si. Ninguém podia negar aqueles testemunhos. O juiz ouve. O advogado ouve. E você, o órfão, não diz nada.

"Depois, houve a tempestade. Pedro a descreveu para nós. O barco balançava com as ondas. Trovão. Raio. Tempestades assim podem matar. Eu sei. Eu ganhava a vida num barco! O testemunho de Pedro sobre o que aconteceu foi verdadeiro. Eu estava lá. O Mestre andou sobre a água. E, no momento em que pisou no barco, estávamos salvos."

> O Mestre andou sobre a água. E, no momento em que pisou no barco, estávamos salvos.

João faz nova pausa. A luz do sol, emoldurada por uma janela, forma uma caixa no chão. João entra nela. "Então, ontem, você encontrou um homem que nunca vira a luz. Seu mundo era escuro. Negro. Ele era cego. Cego de nascença."

João para e, de forma dramática, declara o que o homem cego dissera: "Jesus curou meus olhos".

Seis testemunhos foram dados. Seis milagres foram verificados. João faz um gesto em direção à mesa onde estão as provas: as jarras de água que contiveram o vinho. O atestado assinado pelo médico que tratou o menino doente. A maca de lona do aleijado, o cesto do menino. Pedro trouxe um remo quebrado para mostrar a força da tempestade. E o homem cego deixou sua caneca e a bengala. Ele não precisa mais mendigar.

"E agora", diz João, virando-se para o juiz, "temos uma última testemunha a ser chamada, bem como uma nova prova a apresentar". Ele vai até sua mesa e retorna com um lençol de linho branco. Você se inclina para frente, sem saber o que ele está segurando. "Este é um manto de sepultamento", ele explica. Colocando o manto sobre a mesa, ele pede: "Meritíssimo, se o senhor permitir, quero chamar a última testemunha a dar seu depoimento. Lázaro, de Betânia".

As pesadas portas do tribunal se abrem, e um homem alto entra. Ele caminha pelo corredor e para diante de Jesus por tempo suficiente para colocar a mão em seu ombro e dizer "obrigado". Você consegue perceber a ternura em sua voz. Lázaro então se vira e toma seu lugar na cadeira das testemunhas.

— Diga seu nome para o tribunal.

— Lázaro.

— Você já ouviu falar de um homem chamado Jesus de Nazaré?

— Quem não ouviu?

— Como você o conheceu?

— Ele é meu amigo. Nós, minhas irmãs e eu, temos uma casa em Betânia. Quando vem para Jerusalém, ele costuma ficar conosco. Minhas irmãs, Maria e Marta, também se tornaram crentes nele.

— Crentes?

— Crentes de que ele é o Messias. O Filho de Deus.

— Por que vocês acreditam nisso?

Lázaro sorri.

— Como eu poderia não crer? Eu estava morto. Estava morto havia quatro dias. Estava numa tumba. Oraram por mim e me enterraram. Eu estava morto. Jesus me chamou para fora da sepultura.

— Conte-nos o que aconteceu.

— Bem, eu sempre fui doente. Sabe, é por isso que eu morava com minhas irmãs. Elas cuidavam de mim. Meu coração nunca foi dos mais fortes, de modo que eu precisava tomar cuidado. Marta, a irmã mais velha, ela é, bem, ela é como mãe para mim. Foi Marta quem chamou Jesus quando meu coração falhou.

> Lázaro sorri. "Como eu poderia não crer? Eu estava morto. {...} Jesus me chamou para fora da sepultura."

— Foi então que você morreu?

— Não, mas quase. Ainda durei mais alguns dias. Mas sabia que estava à beira da morte. Os médicos entravam, balançavam a cabeça e saíam. Eu estava com um pé na cova.

— Foi então que Jesus chegou?

— Não, continuávamos esperando que ele chegasse. Marta se sentava à beira da cama à noite e sussurrava muitas e muitas vezes: "Seja forte, Lázaro. Jesus estará aqui a qualquer minuto". Simplesmente sabíamos que ele chegaria. Quer dizer, ele havia curado todos aqueles estranhos; certamente me curaria. Eu era amigo dele.

— O que o atrasou?

— Não sabíamos a razão de tal atraso. Achei que ele poderia estar preso ou coisa assim. Continuei esperando e esperando. A cada dia eu ficava mais fraco. Minha visão se escurecia e eu não podia ver. Eu delirava. Toda vez que alguém entrava na sala, achava que poderia ser ele. Mas não. Ele nunca veio.

— Você ficou zangado?

— Mais confuso do que zangado. Eu apenas não entendia.

— Depois disso, o que aconteceu?

— Bem, acordei certa noite. Meu peito estava tão rígido que eu mal podia respirar. Devo ter me sentado, porque Marta e Maria vieram até minha cama. Elas seguraram a minha mão. Eu podia ouvi-las chamando meu nome, mas então comecei a cair. Era como um sonho. Eu estava caindo, girando rapidamente no ar. A voz delas começou a ficar cada vez mais fraca e, então, nada. O giro parou, a queda parou. E a dor parou. Eu estava em paz.

> O giro parou, a queda parou.
> E a dor parou. Eu estava em paz.

— Em paz?

— Como se estivesse dormindo. Descansando. Tranquilo. Eu estava morto.

— O que aconteceu em seguida?

— Bom, Marta e Maria podem contar os detalhes. O funeral foi arranjado. A família veio. Os amigos viajaram de Jerusalém. Eles me sepultaram.

— Jesus veio para o funeral?

— Não.

— Ele ainda não havia chegado?

— Não. Quando ouviu que eu estava sepultado, esperou mais quatro dias.

— Por quê?

Lázaro parou e olhou para Jesus.

— Para cumprir seu objetivo.

João sorriu, ciente do que estava acontecendo.

— O que aconteceu em seguida?

— Ouvi a voz dele.

— A voz de quem?

— A voz de Jesus.

— Mas pensei que você estivesse morto.

— Eu estava.

— Eu, bem, achei que você estivesse na sepultura.

— Eu estava.

— Como um homem morto, numa sepultura, escuta a voz de outro homem?

— Ele não escuta. O morto ouve apenas a voz de Deus. Eu ouvi a voz de Deus.

— O que ele falou?

— Ele não falou; ele gritou.

— Então o que ele gritou?

— "Lázaro, venha para fora!"

— E você o ouviu?

— Como se ele estivesse na tumba comigo. Meus olhos se abriram; meus dedos se moveram. Levantei a cabeça. Estava vivo de novo. Ouvi a pedra sendo rolada. A luz entrou. Levou um minuto para que meus olhos se acostumassem.

— O que você viu?

— Um círculo de rostos olhando para mim.

— E depois disso, o que você fez?

— Eu me levantei. Jesus me deu a mão e me puxou para fora. Ele pediu que me arrumassem algo adequado para vestir, e foram buscar.

— Então você morreu, ficou na tumba por quatro dias e, depois, Jesus chamou você de volta à vida? Houve alguma testemunha disso?

Lázaro ri.— Apenas uma centena ou mais.

— Isso é tudo, Lázaro, obrigado. Você pode descer.

João se volta para o juiz.

— O senhor ouviu os testemunhos. Agora, deixo a decisão em suas mãos.

Tendo dito isso, volta para a mesa e se senta. O guardião se levanta. Ele não se identifica. Não precisa. Todos os reconhecem. Ele é Jesus Cristo.

A voz de Jesus enche o tribunal.

— Represento um órfão que é a soma de tudo o que vocês viram. Como a festa que ficou sem vinho, este aqui não tem razão para comemorar. Como o filho do oficial, esta criança está espiritualmente doente. Como o aleijado e o mendigo, ele não pode caminhar e é cego. Está faminto, mas a terra não tem comida para saciá-lo. Ele enfrenta tempestades tão severas quanto as da Galileia, mas a terra não tem bússola capaz de guiá-lo. E, acima de tudo, ele está morto. Tal como Lázaro. Morto. Espiritualmente morto.

> Ele trará vinho para a sua mesa, visão para os seus olhos, força para os seus passos e, acima de tudo, poder sobre a sua sepultura.

— Farei por ele — prosseguiu — aquilo que fiz por esses. Eu lhe darei alegria, força, cura, visão, segurança, alimento, nova vida. Tudo será dele. Se o senhor permitir.

O juiz pronuncia sua resposta.

— Tu és o meu Filho amado; em ti me agrado (Lc 3.22).

Deus olha para você:

— Eu permitirei — diz ele — sob uma condição. Que o órfão peça.

João apresentou as testemunhas.

As testemunhas contaram cada uma a sua história.

O Mestre se ofereceu para fazer por você aquilo que fez por elas. Ele trará vinho para a sua mesa, visão para os seus olhos, força para os seus passos e, acima de tudo, poder sobre a sua sepultura. Ele fará por você aquilo que fez por eles.

O juiz deu a aprovação. O resto depende de você.

Agora, a escolha é sua.

Ouvindo Deus na tormenta

Paz

Uma terna tranquilidade

Fico pensando em quantos fardos Jesus está carregando por nós dos quais nada sabemos. Temos consciência de alguns. Ele carrega nosso pecado. Ele carrega nossa vergonha. Ele carrega nossa dívida eterna. Mas existem outros? Ele eliminou medos antes que os sentíssemos? Ele dissipou nossa confusão de modo que não precisássemos ficar confusos? Aquelas vezes em que fomos surpreendidos por nosso próprio senso de paz? Será que Jesus colocou nossa ansiedade sobre seus ombros e pôs um jugo de bondade sobre os nossos?

Aprenda a compartilhar um amor que vale a pena

"Tendo sido, pois, justificados pela fé, temos paz com Deus" (Rm 5.1).

Paz com Deus. Que feliz consequência da fé! Não apenas paz entre países, paz entre vizinhos ou paz em casa; a salvação traz paz com Deus.

Certa vez um monge e seu aprendiz viajavam do mosteiro para um vilarejo próximo. Os dois se separaram junto aos portões da cidade, concordando em se encontrar na manhã seguinte, depois de completarem suas tarefas. Conforme o combinado, eles se encontraram e deram início à longa caminhada de volta ao mosteiro. O monge percebeu que o homem mais novo estava excepcionalmente quieto. Perguntou-lhe se algo estava errado.

— Não é da sua conta — foi a resposta curta e grossa.

Agora o monge tinha certeza de que seu irmão estava com problemas, mas não disse nada. A distância entre os dois começou a aumentar. O aprendiz caminhava lentamente, como que para se separar de seu mestre. Chegando ao mosteiro, o monge parou junto ao portão e esperou o aprendiz.

— Diga-me, meu filho, o que perturba a sua alma?

O rapaz começou a reagir de novo, mas, quando viu o afeto nos olhos de seu mestre, seu coração começou a derreter.

— Pequei grandemente — soluçou ele. — Na noite passada, dormi com uma mulher e abandonei meus votos. Não sou digno de entrar no mosteiro ao seu lado.

O mestre colocou o braço em volta de seu discípulo e disse:

— Entraremos no mosteiro juntos. E entraremos na catedral juntos. E juntos confessaremos o seu pecado. Ninguém, a não ser Deus, saberá qual de nós dois caiu.

(Ouvi essa história num retiro de ministros dirigido por Gordon MacDonald em fevereiro de 1990.)

Isso não descreve o que Deus fez por nós? Enquanto mantínhamos o pecado em silêncio, nos afastamos dele. Nós o víamos como um inimigo. Dávamos passos para evitar sua presença. No entanto, nossa confissão de erros altera nossa percepção. Deus não é mais um adversário, mas um amigo. Estamos em paz com ele. Deus fez mais do que o monge, muito mais. Mais do que assumir nosso pecado, Jesus foi "esmagado por causa de nossas iniquidades; o castigo que nos trouxe paz estava sobre ele" (Is 53.5). "Ele não se importou com a humilhação" (Hb 12.2, NTLH). Ele nos leva à presença de Deus.

NAS GARRAS DA GRAÇA

Sagrado deleite é o momento em que as boas-novas entram pela porta de trás do seu coração. É aquilo com que você sempre sonhou mas que nunca esperou que acontecesse. É aquilo que, à medida que se torna real, pensamos ser demais para ser verdade. É ter Deus como seu substituto, seu advogado, seu pai, seu maior fã e seu melhor amigo. Deus ao seu lado, em seu coração, bem na frente e protegendo sua retaguarda. É esperança onde você menos esperava: uma flor na calçada da vida.

É sagrado porque somente Deus pode concedê-lo. É um *deleite* porque emociona. Uma vez que é santo, não pode ser roubado. E uma vez que é deleitoso, não pode ser previsto.

Foi essa satisfação que dançou pelo mar vermelho. Foi essa alegria que tocou a trombeta em Jericó. Foi esse segredo que fez Maria cantar. Foi essa surpresa que colocou a primavera na manhã de Páscoa.

É a alegria de Deus. É sagrado deleite.

E é esse deleite sagrado que Jesus promete no Sermão do Monte.

Ele o promete nove vezes. E o promete a uma multidão improvável:

- *Os pobres em espírito.* Mendigos no sopão de Deus.
- *Os que choram.* Pecadores Anônimos unidos pela verdade de sua apresentação: "Olá, eu sou eu. Sou um pecador".
- *Os humildes.* Pianos da casa de penhores tocados por Van Cliburn. (Ele é tão bom que ninguém nota as *teclas que faltam.*)
- *Os que têm fome e sede de justiça.* Órfãos famintos que sabem a diferença entre uma marmita e uma ceia de Natal.
- *Os misericordiosos.* Ganhadores de milhões de reais na loteria que partilham o prêmio com seus inimigos.

- *Os puros de coração*. Médicos que amam leprosos e não são infectados.
- *Os pacificadores*. Arquitetos que constroem pontes com madeira de uma cruz romana.
- *Os perseguidos*. Aqueles que conseguem manter um olho no céu enquanto caminham pelo inferno na terra.

É a esse grupo de peregrinos que Deus promete uma bênção especial. Uma alegria celestial. Um deleite sagrado.

Mas essa alegria não é barata. O que Jesus promete não é um artifício para fazer se arrepiar nem uma atitude mental que precisa ser estimulada em uma reunião motivacional. Não. Mateus 5 descreve a radical reconstrução de coração que Deus faz.

Observe a sequência. Primeiramente, reconhecemos que temos necessidade (somos pobres em espírito). A seguir, nos arrependemos da autossuficiência (choramos). Deixamos de querer mandar e entregamos o controle a Deus (somos humildes). Ficamos de tal forma agradecidos por sua presença que ansiamos por mais dele (temos fome e sede). À medida que nos aproximamos dele, passamos a ser mais semelhantes a ele. Perdoamos os outros (somos misericordiosos). Mudamos a mentalidade (somos puros de coração). Amamos os outros (somos pacificadores). Suportamos a injustiça (somos perseguidos).

Não é uma mudança casual de atitude. É uma demolição da velha estrutura e a criação de uma nova. Quanto mais radical a mudança, maior a alegria. E todo esforço vale a pena, pois essa é a alegria de Deus.

Não é por acaso que a mesma palavra usada por Jesus para prometer o sagrado deleite seja o termo empregado por Paulo para descrever Deus:

Deus bendito... (1Tm 1.11)
Bendito e único Soberano... (1Tm 6.15)

Pense na alegria de Deus. O que pode encobri-la? O que pode extingui-la? O que pode matá-la? Deus está sempre de mau humor por causa do mau tempo? Deus enruga a testa diante de filas longas ou de congestionamento no trânsito? Deus alguma vez se recusa a girar a terra porque seus sentimentos estão feridos?

Não. Os resultados não podem extinguir a alegria que vem dele. As circunstâncias não podem roubar a paz que vem dele.

O APLAUSO DO CÉU

Os resultados não podem extinguir a alegria que vem dele. As circunstâncias não podem roubar a paz que vem dele.

Ah... uma hora de alegria. Um precioso momento de paz. Alguns minutos de relaxamento. Cada um de nós tem um cenário no qual o contentamento faz uma visita.

De manhã cedo, enquanto o café está quente e todos estão dormindo.

Tarde da noite, quando você beija os olhos sonolentos de seu filho de 6 anos.

Em um barco no lago, quando lembranças de uma vida bem vivida são nítidas.

Na companhia de uma Bíblia gasta pelo uso, cheia de dobras e até manchada por lágrimas.

Nos braços do cônjuge.

Num jantar com a família ou sentado ao lado da árvore de Natal.

Uma hora de contentamento. Uma hora em que os prazos são esquecidos e as lutas cessam. Uma hora em que o que temos ofusca o que queremos. Uma hora em que percebemos que uma vida de sangue, suor e brigas não pode nos dar o que a cruz nos deu em apenas um dia: uma consciência limpa e um novo começo.

Infelizmente, porém, na nossa gaiola de *hamster* de compromissos, competições e olhares de lado, horas como essas são quase tão comuns quanto macacos de uma perna só. No nosso mundo, o contentamento é um estranho vendedor de rua, que perambula à procura de uma casa, mas raramente encontra uma porta aberta. Esse velho vendedor se move vagarosamente de casa em casa, bate em janelas, em portas, oferece suas tralhas: uma hora de paz, um sorriso de aceitação, um suspiro de alívio. Mas suas mercadorias raramente são aceitas. Estamos ocupados demais para ficar contentes (o que é uma loucura, uma vez que a razão de nos matarmos hoje é pensarmos que isso nos fará contentes amanhã).

"Agora não, obrigado. Tenho muitas coisas a fazer", dizemos. "Muitas metas a serem batidas, muitos feitos por realizar, muito dinheiro a ser poupado, muitas promoções por conquistar. E, além disso, se eu estiver contente, alguém pode achar que perdi a ambição."

Diante disso, o vendedor de rua chamado Contentamento segue adiante. Quando pergunto a ele por que tão poucas pessoas o recebem em seu lar, a resposta me condena. "Cobro um preço alto, você sabe. Minha taxa é exorbitante. Peço às pessoas que negociem horários, frustrações e ansiedades. Exijo que as pessoas coloquem um fim na jornada de trabalho de quatorze horas e nas noites de insônia. Talvez você ache que eu poderia ter mais clientes". Ele coça a barba e, então, acrescenta, com pesar: "Mas as pessoas parecem estranhamente orgulhosas de suas úlceras e dores de cabeça".

Posso dizer algo um pouco pessoal? Gostaria de dar um testemunho. Um testemunho vivo. Estou aqui para dizer a você que permiti que esse amigo barbado entrasse em minha sala de estar nesta manhã.

Não foi fácil.

A maioria das coisas em minha lista de atividades estava na categoria "pendente". Minhas responsabilidades eram tão pesadas quanto sempre foram. Ligações por fazer. Cartas por escrever. Talões de cheque por contabilizar.

Mas aconteceu uma coisa engraçada a caminho da corrida insana que me colocou em ponto morto. No momento em que arregaçava as mangas, bem na hora em que o velho motor começava a roncar, quando eu estava a todo vapor, minha filhinha Jenna precisou de cuidados. Ela teve cólica. Mamãe estava no banho, de modo que coube ao papai cuidar dela.

Ela tem hoje três semanas de vida. No início, tentei fazer as coisas com uma mão e segurá-la com a outra. Você está sorrindo. Já tentou fazer isso também? Assim que percebi que era impossível, também entendi que não era nada disso que eu queria fazer.

Sentei-me e apoiei a barriguinha dela no meu peito. Ela começou a relaxar. Um grande suspiro escapou de seus pulmões. O choro se transformou num murmúrio. Ela deslizou por meu peito até que seu ouvidinho estivesse bem em cima do meu coração. Foi quando seus braços se soltaram e ela adormeceu.

Adeus, agenda. Até mais tarde, rotina.
Voltem amanhã, prazos...
Olá, Contentamento, pode entrar.

E foi nesse momento que o vendedor de rua bateu à minha porta.

Adeus, agenda. Até mais tarde, rotina. Voltem amanhã, prazos... Olá, Contentamento, pode entrar.

Assim, lá nos sentamos, Contentamento, minha filha e eu. Caneta na mão, bloco de anotações nas costas de Jenna. Ela nunca vai se lembrar desse momento e eu nunca vou me esquecer dele. A doce fragrância de um momento capturado enche a sala. O gosto de uma oportunidade aproveitada adoça minha boca. A luz do sol de uma lição aprendida ilumina meu entendimento. Este é um momento que não escapou.

As tarefas? Serão realizadas. As ligações? Serão feitas. As cartas? Serão escritas. E, sabe de uma coisa? Tudo será executado com um sorriso.

Não faço isso tanto quanto deveria, mas farei mais vezes. De fato, estou pensando em dar a chave da minha porta àquele vendedor de rua. "A propósito, Contentamento, o que você vai fazer nesta tarde?"

SEU NOME É SALVADOR

Tome nota desta promessa: "O Senhor guardará em perfeita paz todos os que confiam nele, aqueles cujo propósito está firme, porque confiam no Senhor" (Is 26.3, NBV). Deus promete não apenas paz, mas paz perfeita. Paz pura, sem manchas, desembaraçada. A quem? Àqueles cuja mente está concentrada em Deus. Esqueça relances ocasionais. Livre-se de ponderações aleatórias. A paz é prometida àquele que concentra os pensamentos e desejos no rei.

DERRUBANDO GOLIAS

Perseverança

FAÇA O QUE FIZER, NÃO DESISTA

A corrida cristã não é um passeio, mas, ao contrário, uma corrida exigente e extenuante, às vezes até agonizante. É necessário um enorme esforço para concluí-la bem.

É possível que você já tenha notado que alguns não a concluem, não é? Certamente já observou que há muitos à beira da pista. Eles estavam correndo. Houve um tempo em que mantinham o passo. Mas então o cansaço tomou conta. Eles não achavam que a corrida seria tão dura. Ou desanimaram diante de uma contusão ou ficaram intimidados por outro corredor. Seja qual for a razão, eles não correm mais. Podem ser cristãos. Podem ir à igreja. Podem fazer alguma contribuição e esquentar um banco, mas o coração deles não está mais na corrida. Eles se aposentaram antes da hora. A não ser que algo mude, seu melhor esforço terá sido o primeiro esforço, e eles terminarão com uma queixa.

Por outro lado, a melhor obra de Jesus foi sua obra final, e seu passo mais forte foi o último. Nosso Mestre é o exemplo clássico de alguém que resistiu. O escritor de Hebreus afirma que Jesus "suportou tamanha oposição dos pecadores contra si mesmo" (Hb 12.3, RA). A ideia de que Jesus suportou deixa implícita a ideia de que ele poderia ter "cedido". O corredor poderia ter desistido, ter sentado, ido para casa. Poderia ter abandonado a corrida. Mas ele não o fez. Ele "suportou tamanha oposição dos pecadores contra si mesmo".

SIMPLESMENTE COMO JESUS

Deus nunca promete nos tirar de nossas dificuldades. Ele, porém, promete, sim, mudar a maneira como olhamos para elas. O apóstolo Paulo dedica um parágrafo para fazer a lista dos sacos de lixo: problemas, angústias, perseguições, fome, nudez, perigo e morte violenta. Essas são verdadeiras caçambas de dificuldade das quais esperamos escapar. Paulo, porém, declara o valor delas. "Em todas estas coisas somos mais que vencedores, por meio daquele que nos amou" (Rm 8.37). Gostaríamos de usar outra preposição ou advérbio. Escolheríamos "*exceto* todas estas coisas", "*longe* de todas estas coisas" ou até mesmo "*sem* todas estas coisas". Mas Paulo diz "*em* todas estas coisas". A solução não é evitar o problema, mas mudar a maneira como o enxergamos.

Deus pode corrigir a sua visão.

ELE AINDA REMOVE PEDRAS

Eu e você estamos numa grande escalada. A parede é alta, e o risco é ainda maior. Você deu o primeiro passo no dia em que confessou Cristo como o Filho de Deus. Ele lhe deu o equipamento dele — o Espírito Santo. E colocou uma corda nas suas mãos — a Palavra dele.

Seus primeiros passos foram confiantes e firmes, mas com a jornada veio o cansaço, e com o peso veio o medo. Você perdeu a passada. Perdeu o foco. Perdeu a força e caiu. Por um momento, que pareceu uma eternidade, você rolou de modo desenfreado. Sem controle. Sem autocontrole. Desorientado. Desalojado. Você caiu.

Mas então a corda se retesou e a queda parou. Você se segurou no equipamento e descobriu que ele é forte. Você agarrou a corda e descobriu que ela é real. Você olhou para o guia e encontrou Jesus segurando sua alma. Com uma confissão encabulada, você sorriu para ele e ele sorriu para você, e a jornada recomeçou.

Agora você está mais experiente. Aprendeu a ir devagar. Você é cuidadoso, é cauteloso, mas também é confiante. Você confia na corda. Conta com o equipamento. E, ainda que não consiga ver o guia, você o conhece. Você sabe que ele é forte. Sabe que ele é capaz de evitar que você caia.

E sabe que está a apenas alguns poucos passos do topo. Portanto, faça o que quiser, não desista. Ainda que suas quedas sejam grandes, a força dele é maior. Você conseguirá. Você verá o pico do monte. Você ficará de pé no topo. E, quando chegar lá, a primeira coisa que fará será juntar-se a todos os outros que fizeram a escalada e que cantam estes versos:

> Àquele que é poderoso para impedi-los de cair e para apresentá-los diante da sua glória sem mácula e com grande alegria, ao único Deus, nosso Salvador, sejam glória, majestade, poder e autoridade, mediante Jesus Cristo, nosso Senhor, antes de todos os tempos, agora e para todo o sempre! Amém.
>
> Judas 24-25

Ouvindo Deus na tormenta

Deus se envolve com as coisas! Mares vermelhos. Grandes peixes. Covas de leões e fornalhas. Negócios falidos e celas de prisão. Desertos judaicos, casamentos, funerais e tempestades galileias. Olhe e você encontrará o que todos, de Moisés a Marta, descobriram. Deus no meio das nossas tempestades.

Isso inclui as suas.

O Salvador mora ao lado

Deus ouviu a oração de seu Filho? O suficiente para enviar um anjo. Deus poupou seu Filho da morte? Não. A glória de Deus estava acima do conforto de Cristo. Desse modo, Cristo sofreu, e a graça de Deus foi demonstrada e distribuída.

Você é chamado a suportar uma temporada no Getsêmani? A você "foi dado o privilégio de não apenas crer em Cristo, mas também de sofrer por ele" (Fp 1.29)?

Se esse é o caso, então venha com sede e beba profundamente do senhorio dele. Ele é o autor de todos os itinerários. Ele sabe o que é melhor. Nenhuma luta virá sobre você que esteja fora do propósito, da presença e da permissão dele. Que encorajamento isso traz! Você nunca é vítima da natureza ou presa do destino. O acaso é eliminado. Você é mais do que um cata-vento movimentado pelos ventos da sorte. Será que Deus de fato o entrega à loucura de ladrões alucinados pelas drogas, de agressivas corporações gananciosas ou de líderes malignos? Nem pensar!

> Quando você atravessar as águas, eu estarei com você; quando você atravessar os rios, eles não o encobrirão.
> Quando você andar através do fogo, não se queimará; as chamas não o deixarão em brasas.
> Pois eu sou o Senhor, o seu Deus.
>
> Isaías 43.2-3

Vivemos debaixo da mão protetora de um Rei soberano que supervisiona todas as circunstâncias de nossa vida e se deleita em nos fazer bem.

Nada chega até você que não tenha passado antes pelo filtro do seu amor.

QUEM TEM SEDE VENHA

ꟾ

Enfrente os problemas de hoje com a força de hoje. Não comece a atacar os problemas de amanhã antes que o amanhã chegue. Você ainda não tem a força de amanhã. Você simplesmente tem o que é suficiente para hoje.

ALIVIANDO A BAGAGEM

Algumas pessoas nunca conquistaram um prêmio na vida. Oh, talvez você tenha sido o batedor na sua tropa de escoteiros ou tenha ficado encarregado dos refrigerantes na festa de Natal, mas isso é tudo. Você nunca venceu. Talvez você tenha visto muitos Pelés neste mundo levando os troféus para casa e saindo com as faixas. Tudo o que você tem são muitos "quase" e vários "e se...".

Se você se identifica com isso, então vai gostar desta promessa: "Quando se manifestar o Supremo Pastor, vocês receberão a imperecível coroa da glória" (1Pe 5.4).

Seu dia está chegando. O que o mundo negligenciou, seu Pai contemplou, e, mais cedo do que você imagina, você será abençoado por ele. Olhe para esta promessa saída da pena de Paulo: "Cada um receberá de Deus a sua aprovação" (1Co 4.5).

Que frase incrível. "Cada um receberá de Deus a sua aprovação." Não "o melhor deles", nem "alguns deles", nem "os empreendedores entre eles", mas "cada um receberá de Deus a sua aprovação".

Você não será deixado de fora. Deus cuidará disso. De fato, o próprio Deus lhe fará o elogio. Quando se trata de reconhecer, Deus não delega o trabalho. Miguel não entrega as coroas. Gabriel não é o porta-voz do trono. É Deus mesmo quem faz as honras. O próprio Deus aprovará seus filhos.

E, além disso, o elogio é pessoal! Paulo diz: "*Cada um receberá de Deus a sua aprovação*" (1Co 4.5). Os prêmios não são entregues a uma nação por vez, a uma igreja por vez ou a uma geração por vez. As coroas são ofertadas uma a uma. O próprio Deus olhará nos seus olhos e o abençoará com as palavras: "Muito bem, servo bom e fiel! Você foi fiel no pouco, eu o porei sobre o muito. Venha e participe da alegria do seu senhor!" (Mt 25.23).

O próprio Deus olhará nos seus olhos e o abençoará com as palavras: "Muito bem, servo bom e fiel!".

Com isso em mente, deixe-me incentivá-lo a ficar firme. Não desista. Não olhe para trás. Deixe Jesus falar ao seu coração quando diz: "Retenha o que você tem, para que ninguém tome a sua coroa" (Ap 3.11).

QUANDO CRISTO VOLTAR

A coragem verdadeira aceita as realidades gêmeas da dificuldade atual e do triunfo derradeiro. Sim, a vida parece ter algo de errado. Mas ela não durará para sempre. Como um de meus amigos gosta de dizer, "tudo vai dar certo no final. Se não está dando certo, o final ainda não chegou".

SEM MEDO DE VIVER

Você espera que uma mudança nas circunstâncias traga uma mudança em sua atitude? Se a resposta é sim, você está na prisão, e precisa aprender um segredo para aliviar a bagagem. *O que você tem no seu Pastor é maior do que aquilo que você não tem na vida.*

Posso me intrometer por um instante? O que o separa da alegria? Como você preenche este espaço: "Eu serei feliz quando ____________"? Quando for curado. Quando for promovido. Quando me casar. Quando estiver solteiro. Quando for rico. Como você concluiria essa declaração?

Agora, com a resposta bem firme em mente, responda a isto: se o seu navio nunca chegar, se o seu sonho nunca se realizar, se a situação nunca mudar, você conseguirá ser feliz? Se não conseguir, então você está dormindo na cela fria do descontentamento. Você está numa prisão. E você precisa saber o que tem em seu Pastor.

Você tem um Deus que o ouve, o poder do amor por trás de você, o Espírito Santo dentro de você, e todo o céu à sua frente. Se você tem o Pastor, você tem a graça para todo pecado, a direção para cada curva, uma luz para cada canto e uma âncora para cada tempestade. Você tem tudo de que precisa.

Aliviando a bagagem

Um período de sofrimento é uma missão pequena quando comparada com a recompensa.

Em vez de se ressentir de seu problema, explore-o. Reflita sobre ele. E, acima de tudo, use-o. Use-o para a glória de Deus.

Isto não é para mim

Apresse-se a orar, busque conselho saudável e não desista.

Não cometa o erro de Florence Chadwick. Em 1952, ela tentou nadar nas águas frias do oceano entre a ilha Catalina e a costa da Califórnia. Ela nadou em meio ao nevoeiro e ao mar revolto por quinze horas. Vieram as câimbras, e sua determinação enfraqueceu. Ela implorou para ser tirada da água, mas sua mãe, que estava num bote ao lado dela, insistia que ela não desistisse. Ela continuou tentando, mas ficou exausta e parou de nadar. Socorristas a tiraram da água e a colocaram no barco. Eles remaram por poucos minutos, o nevoeiro se dissipou e ela descobriu que a costa estava a menos de 800 metros de distância. "Tudo o que eu podia ver era o nevoeiro", explicou ela na coletiva de imprensa. "Creio que se eu tivesse visto a costa, poderia ter conseguido".[1] Dê uma boa olhada na costa que espera por você. Não seja enganado pelo nevoeiro do fracasso. A linha de chegada pode estar a apenas alguns movimentos de distância. É possível que, neste momento, Deus esteja erguendo a mão num sinal a Gabriel para que pegue a trombeta. Anjos podem estar se reunindo, santos se juntando, demônios tremendo. Fique firme! Continue na água. Permaneça na prova. Prossiga na luta. Conceda graça, uma vez mais. Seja generoso, uma vez mais. Lecione mais uma aula, incentive mais uma alma, dê mais uma braçada.

Derrubando Golias

Deus pendurou seus diplomas no universo. Arco-íris, pores do sol, horizontes e céus enfeitados de estrelas. Ele registrou suas realizações nas Escrituras. Não estamos falando de seis mil horas de voo. O currículo dele inclui abrir Mares Vermelhos. Fechar bocas de leões. Derrubar Golias. Ressuscitar Lázaros. Acalmar tempestades e caminhar nelas.

Sua lição é clara. Ele é o comandante de cada tempestade.

SEM MEDO DE VIVER

Jesus não desistiu. Mas não pense nem por um minuto que ele não foi tentado a fazê-lo. Veja-o contrair-se ao ouvir os discípulos caluniarem e discutirem. Veja-o chorar sentado diante da tumba de Lázaro ou escute-o gemer enquanto arranha o chão do Getsêmani.

Ele quis desistir alguma vez? Com certeza.

É por isso que suas palavras são tão esplêndidas.

"Está consumado."

Pare e ouça. Você consegue imaginar o grito que vem da cruz? O céu está escuro. As outras duas vítimas estão gemendo. As bocas escarnecedoras estão silenciosas. Talvez haja trovão. Talvez haja choro. Talvez haja silêncio. Então Jesus respira fundo, empurra os pés sobre aquele cravo romano e grita: "Está consumado!".

O que está consumado?

O longo plano de redenção do homem está consumado. A mensagem de Deus ao homem está consumada. As obras realizadas na terra por Jesus como homem estão consumadas. A tarefa de escolher e treinar embaixadores está consumada. O trabalho está consumado. A música foi cantada. O sangue foi derramado. O sacrifício foi feito. O aguilhão da morte foi removido. Acabou.

Um grito de derrota? Dificilmente. Ouso dizer que, se suas mãos não estivessem presas, um punho triunfante teria socado o céu escuro. Não, este não é um grito de desespero. É um grito de conclusão. Um grito de vitória. Um grito de realização. Sim, até um grito de alívio.

O lutador perseverou. E graças a Deus por ele ter feito isso. Graças a Deus por ele ter suportado.

Você está prestes a desistir? Por favor, não faça isso. Está desanimado como pai? Aguente firme. Está cansado de fazer o bem? Faça apenas um pouco mais. Está pessimista em relação ao emprego? Arregace as mangas e vá à luta de novo. Não há comunicação no casamento? Dê mais uma chance. Não consegue resistir à tentação? Aceite o perdão de Deus e parta para um novo *round*. Seu dia está cercado de tristeza e desapontamento? Seu amanhã está se transformando em nunca? A palavra esperança foi esquecida?

> Não é apenas para aqueles que dão a volta da vitória ou que bebem champanhe. Não, senhor. A Terra da Promessa é para aqueles que simplesmente permanecem até o final.

Lembre-se: o finalista não é aquele que não tem feridas nem cansaço. Bem ao contrário, ele, assim como o boxeador, tem cicatrizes e sangra. Atribui-se a Madre Teresa a frase “Deus não nos chamou para sermos bem-sucedidos, apenas para sermos fiéis”. O lutador, tal qual o nosso Mestre, está perfurado e cheio de dor. Assim como Paulo, pode estar preso e machucado. Mas ele continua.

A Terra da Promessa, diz Jesus, espera por aqueles que perseveram (Mt 10.22).

Não é apenas para aqueles que dão a volta da vitória ou que bebem champanhe. Não, senhor. A Terra da Promessa é para aqueles que simplesmente permanecem até o final.

Vamos perseverar.

SEU NOME É SALVADOR

Olhe para os gigantes,
você cai.
Olhe para Deus,
os gigantes caem.

Erga os olhos, matador de gigantes. O Deus que fez um milagre por Davi está pronto para fazer um por você.

DERRUBANDO GOLIAS

Entendo onde Jesus encontrou força. Ele erguia os olhos para além do horizonte e via a mesa. Ele se concentrava no banquete. E o que ele via lhe deu força para concluir — e concluir bem.

Um momento assim nos espera. Em um mundo de leitura dinâmica alheio a poderes absolutos, vamos assumir nosso lugar à mesa. Numa hora que não tem fim, nós descansaremos. Cercados por santos e mergulhados no próprio Jesus, a obra será, de fato, consumada. A colheita final terá sido recolhida, nós nos sentaremos e Cristo batizará a refeição com estas palavras: “Muito bem, servo bom e fiel!” (Mt 25.23).

E, naquele momento, a corrida terá valido a pena.

SIMPLESMENTE COMO JESUS

O Deus das surpresas ataca novamente. É como se ele dissesse: "Não posso esperar mais. Eles chegaram até este ponto para me ver. Vou me mostrar a eles".

Deus faz isso pelo fiel. Na hora em que o útero está velho demais para gerar bebês, Sara fica grávida. No momento em que o fracasso é grande demais para a graça, Davi é perdoado. E quando a estrada é escura demais para Maria e Maria, o anjo brilha e o Salvador aparece, e as duas mulheres nunca mais serão as mesmas.

A lição? Duas palavras: não desista.

A trilha é sombria? Não se sente.

A estrada é longa? Não pare.

A noite é escura? Não desista.

Deus está vendo. Por tudo o que você sabe, neste exato momento ele pode estar dizendo a um anjo que mova a pedra.

O cheque pode estar no correio.

O pedido de desculpa pode estar sendo preparado.

O contrato de trabalho pode estar sobre a mesa.

Não desista. Se o fizer, talvez você perca a resposta às suas orações.

Deus ainda envia anjos. E Deus ainda remove pedras.

Ele ainda remove pedras

Na hora certa, Deus chega. No caminho certo, ele aparece. Portanto, não fuja. Não desista! Não largue os remos! Ele é sábio demais para se esquecer de você, amoroso demais para feri-lo. Quando não puder vê-lo, confie nele. Ele está fazendo uma oração que ele mesmo vai responder.

Ouvindo Deus na tormenta

Charles Hall vive de explodir bombas. Ele faz parte do EOD – Explosive Ordnance Demolition [uma espécie de esquadrão antibombas]. Ele ganha 1.500 dólares por semana para caminhar pelas areia do Kuwait pós-guerra em busca de minas ativas e de granadas descartadas.

Eu e você temos muito em comum com os trabalhadores desse esquadrão: trilhas traiçoeiras em meio a territórios explosivos. Problemas parcialmente ocultos pela areia. Risco constante de perder a vida ou um membro do corpo.

O mais importante é que nós, como a equipe do esquadrão, somos chamados a caminhar por um campo minado que não criamos. Esse é o caso de muitas das lutas da vida. Não as inventamos, mas temos de viver com elas.

Não fizemos o álcool, mas nossas estradas têm motoristas bêbados. Não vendemos drogas, mas há aqueles que as vendem na vizinhança. Não provocamos a tensão internacional, mas precisamos temer os terroristas. Não treinamos os ladrões, mas todos nós somos vítimas em potencial de sua ganância.

Assim como os membros do esquadrão, nós estamos andando na ponta dos pés em um campo minado que não produzimos.

Se você vive na zona de tiroteios, há grandes chances de ser baleado. Se mora num campo de batalha, é possível que uma bala de canhão caia no seu quintal. Se você anda numa sala escura, pode dar uma topada. Se caminhar por um campo minado, pode perder a vida.

E se você vive em um mundo obscurecido pelo pecado, pode se tornar vítima dele.

Jesus é honesto em relação à vida que somos chamados a viver. Não há garantias de que, pelo simples fato de pertencermos a ele, sairemos incólumes. Nenhuma promessa existe nas

Escrituras que diga que, quando você segue o rei, está dispensado da batalha. Não, normalmente o que acontece é o oposto.

> Jesus é honesto em relação à vida que somos chamados a viver. Não há garantias de que, pelo simples fato de pertencermos a ele, sairemos incólumes.

Como sobrevivemos à batalha? Como suportamos a luta?

Jesus nos dá três certezas. Três garantias. Três absolutos. Imagine Jesus se inclinando e olhando bem no fundo dos olhos arregalados dos discípulos. Conhecendo a selva na qual eles estão prestes a entrar, Jesus lhes dá três bússolas que, se forem usadas, os manterão na trilha certa.

Primeiro, garantia de vitória: "Aquele que perseverar até o fim será salvo" (Mt 24.13).

Ele não diz que se você for bem-sucedido será salvo. Nem que se você for o primeiro será salvo. Ele se refere àqueles que resistem. Uma interpretação precisa poderia ser esta: "Se você aguentar até o final, se você fizer o circuito completo".

Os brasileiros têm uma expressão ótima para isso. Eles dizem que uma pessoa que tem a habilidade de aguentar e não desistir tem garra. Como se fosse uma fera! Que imagem! Uma pessoa com garra vai se prender à beira do abismo e não vai cair.

O mesmo acontece com os salvos. Eles podem chegar bem perto do abismo; podem até mesmo tropeçar e escorregar. Mas vão encravar as garras na rocha de Deus e segurarão com firmeza.

Jesus lhe dá essa garantia. Se você aguentar, ele vai levá-lo ao lar.

> Jesus lhe dá essa garantia. Se você aguentar, ele vai levá-lo ao lar.

Em segundo lugar, Jesus nos dá a garantia da realização: "Este evangelho do Reino será pregado em todo o mundo como testemunho a todas as nações" (Mt 24.14).

Em 1066, foi travada uma das batalhas mais decisivas da história. William, o duque da Normandia, ousou invadir a Inglaterra. Os ingleses eram oponentes formidáveis em qualquer lugar, mas eram praticamente invencíveis em sua própria terra.

Mas William tinha algo que os ingleses não possuíam. Ele inventara um dispositivo que deu ao seu exército uma enorme vantagem em batalha. Ele tinha uma vantagem: o estribo.

A sabedoria convencional da época era que um cavalo era uma plataforma muito instável sobre a qual se lutar. Com isso, soldados iam a cavalo até o campo de batalha e desciam dele antes de se envolver em combate. Mas o exército normando, seguro nos estribos, foi capaz de atropelar o exército inglês. Eles eram mais rápidos e mais fortes.

O estribo levou à conquista da Inglaterra. Sem ele, William talvez nunca tivesse desafiado aquele inimigo. E este livro talvez fosse escrito em inglês arcaico.

Como eles tiveram um modo de se levantar na batalha, foram vitoriosos após a batalha. A garantia de vitória dada por Jesus foi ousada. Veja os seus ouvintes: pescadores e trabalhadores interioranos cujos olhos se arregalaram diante da visão de uma cidade grande. Você se sentiria tentado a encontrar alguém capaz de apostar na realização da profecia.

Mas ela se cumpriu, apenas 53 dias depois. Sim, 53 dias depois os judeus estavam em Jerusalém, "vindos de todas as nações do mundo" (At 2.5).

Pedro se levantou diante deles e lhes falou sobre Jesus.

Os discípulos foram encorajados pela garantia de que a tarefa seria realizada. Uma vez que eles tinham uma maneira de se levantar na batalha, foram vitoriosos depois dela. Eles tinham uma vantagem, e nós também temos.

Por fim, Jesus nos dá a garantia da realização. "Então virá o fim" (Mt 24.14).

Há um versículo intrigante: "Pois, dada a ordem o próprio Senhor descerá dos céus" (1Ts 4.16).

Você já imaginou que ordem será essa? Será a palavra inaugural do céu. Será a primeira mensagem audível que a maioria já ouviu de Deus. Será a palavra que encerra uma era e abre uma nova.

Acho que sei qual será o comando. É bem possível que eu esteja errado, mas creio que a ordem que coloca um fim nas dores da terra e inicia as alegrias do céu terá uma única palavra:

"Chega."

O Rei dos reis levantará sua mão perfurada e proclamará: "Chega".

Os anjos se erguerão e o Pai dirá: "Chega".

Os vivos e os que já viveram se voltarão para o céu e ouvirão Deus anunciar: "Chega".

Chega de solidão.

Chega de lágrimas.

Chega de morte. Chega de tristeza. Chega de choro. Chega de dor.

Enquanto estava sentado na ilha de Patmos, cercado pelo mar e separado dos amigos, João sonhou com o dia em que Deus diria: "Chega".

Esse mesmo discípulo que, mais de meio século antes, ouvira Jesus falar essas palavras de garantia, agora sabia o que elas significavam. Fico imaginando se ele conseguia ouvir a voz de Jesus em sua memória.

"Então virá o fim."

Para aqueles que vivem para este mundo, isso é uma má notícia. Mas, para aqueles que vivem para o mundo por vir, é uma promessa encorajadora.

Você está em um campo minado, meu amigo, e é apenas uma questão de tempo: "Neste mundo vocês terão aflições" (Jo 16.33). Da próxima vez que você for jogado em um rio enquanto estiver tentando cavalgar sobre as corredeiras da vida, lembre-se das palavras de garantia.

"Aquele que perseverar será salvo."

"Este evangelho será pregado."

"Então virá o fim."

Você pode contar com isso.

QUANDO OS ANJOS SILENCIARAM

Oração

Sua voz é importante no céu

Derek Redmond, um inglês de 26 anos, era um dos favoritos para vencer a corrida dos 400 metros nos jogos olímpicos de Barcelona, em 1992. No meio das semifinais, ele sentiu uma dor muito forte na perna direita. Seguiu mancando pela pista com um tendão rompido.

Enquanto os médicos se aproximavam, Redmond ainda tentava correr. "Foi um instinto animal", diria ele posteriormente. Ele começou a pular num pé só, empurrando os técnicos numa louca tentativa de terminar a corrida.

Quando chegou ao limite, um homem enorme começou a abrir caminho por entre a multidão. Ele usava uma camisa em que se lia: "Você já abraçou seu filho hoje?" e um boné que desafiava: "Faça" (Just do it). O homem era Jim Redmond, o pai de Derek.

— Você não precisa fazer isso — disse ele ao filho que chorava.

— Preciso sim — afirmou Derek.

— Então, está bem — disse Jim — vamos terminar isso juntos.

E eles terminaram. Jim passou o braço de Derek em torno de seus ombros e o ajudou a seguir, mancando, até a linha de chegada. Afastando os seguranças, a cabeça do filho às vezes se enterrava no ombro do pai, mas eles prosseguiram na raia de Derek até o final.

A multidão aplaudiu, depois se levantou, gritou e chorou enquanto o pai e o filho terminavam a corrida.

O que levou o pai a fazer aquilo? O que fez o pai sair da arquibancada para encontrar o filho na pista? Foi a força do filho? Não, foi a dor do filho. Seu filho estava ferido e lutava para completar a corrida. Então, o pai veio para ajudá-lo a terminar.

Deus faz o mesmo. Nossas orações podem ser estranhas. Nossas tentativas podem ser frágeis. Mas, uma vez que o poder da oração está naquele que ouve, e não naquele que ora, nossas orações realmente fazem diferença.

ELE AINDA REMOVE PEDRAS

Deixe-me perguntar o óbvio. Se Jesus, o filho de Deus, o Salvador do mundo, sem pecados, achou que valia a pena limpar a agenda para orar, não seria sábio fazermos a mesma coisa?

SIMPLESMENTE COMO JESUS

Imagine considerar cada momento como um tempo potencial de comunhão com Deus. Quando sua vida chegar ao fim, você terá passado seis meses parado em semáforos, oito meses abrindo mensagens de propaganda, um ano e meio procurando coisas perdidas (dobre esse número, no meu caso) e longos cinco anos esperando em diversas filas.[2]

Por que você não entrega esses momentos para Deus? Ao entregar a Deus seus pensamentos, o comum se torna incomum.

Frases simples como "Obrigado, Pai", "Seja soberano nesta hora, ó Senhor", "O Senhor é o meu refúgio, Jesus" podem transformar a ida ao trabalho numa peregrinação. Você não precisa sair do seu escritório nem se ajoelhar na cozinha. Apenas ore onde você estiver. Deixe a cozinha se transformar em catedral ou a sala de aula em capela.

SIMPLESMENTE COMO JESUS

Reconheça a oração respondida quando a vir, e não desista quando não a enxergar.

QUANDO DEUS SUSSURRA O SEU NOME

Por dez dias os discípulos oraram. Dez dias de oração mais alguns minutos de pregação resultaram em três mil almas salvas. Talvez invertamos os números. Somos propensos a orar por alguns minutos e pregar por dez dias. Os apóstolos, não. Tal como o barco esperando por Cristo, eles se demoraram na presença dele. Eles nunca abandonaram o local de oração.

Os autores bíblicos falaram com frequência desse lugar. Os primeiros cristãos eram impelidos a:

- Orar continuamente (1Ts 5.17).
- Perseverar na oração (Rm 12.12).
- Orar em todas as ocasiões (Ef 6.18).

Lembra-se do advérbio *continuamente* que descreveu a oração dos apóstolos no cenáculo? Ele é usado para descrever nossas orações também: "Continuem firmes na oração, sempre alertas ao orarem e dando graças a Deus" (Cl 4.2, BLH).

Parece penoso? Você pode estar pensando: "Os negócios precisam de atenção, meus filhos precisam comer, as contas precisam ser pagas. Como posso permanecer num lugar de oração?". Oração incessante pode parecer complicado, mas não precisa ser assim.

Faça o seguinte. Mude sua definição de oração. Pense em oração menos como uma atividade para Deus e mais como uma consciência de Deus. Procure viver em consciência contínua. Reconheça a presença dele aonde quer que você vá. Enquanto estiver na fila para licenciar seu carro, pense: "Obrigado, Senhor, por estares aqui". Na padaria, enquanto compra: "Dou boas-vindas à tua presença, meu Rei". Ao lavar a louça, adore o seu Criador.

QUEM TEM SEDE VENHA

Como é importante que oremos munidos do conhecimento de que Deus está no céu. Ore com uma convicção inferior e suas orações serão tímidas, rasas e vazias. Mas passe algum tempo caminhando na oficina do céu, contemplando o que Deus fez, e você verá como suas orações serão energizadas.

A GRANDE CASA DE DEUS

Quer se preocupar menos? Então ore mais. Em vez de olhar para frente com medo, olhe para cima com fé. Essa ordem não surpreende ninguém. Em relação à oração, a Bíblia não se envergonha. Jesus ensinou às pessoas que "é necessário orar sempre, sem desistir" (Lc 18.1, *A mensagem* [MSG]). Paulo disse aos cristãos: "Dediquem-se à oração, estejam alerta e sejam agradecidos" (Cl 4.2). Tiago declarou: "Entre vocês há alguém que está sofrendo? Que ele ore" (Tg 5.13).

Em vez de se preocupar com tudo, "orem a respeito de tudo" (Fp 4.6, NBV). Tudo? Trocas de fraldas e compromissos? Reuniões de negócios e banheiros quebrados? Demoras e presságios? Ore por tudo. "Em tudo [...] apresentem seus pedidos a Deus" (Fp 4.6).

Quando eu morava no Rio de Janeiro, costumava levar minhas filhas para passear de ônibus. Por alguns trocados, podíamos entrar num ônibus e percorrer a cidade inteira. Pode parecer tolo para nós, mas se você tem 2 anos de idade, um dia como esse gera a empolgação de uma Copa do Mundo. As meninas não faziam nada na viagem. Eu pagava a passagem, carregava a mochila e escolhia a rota. Meu único pedido para elas era: "Fiquem perto de mim". Por quê? Porque eu não conhecia o tipo de pessoa que poderia subir no ônibus. E Deus me livre de ficar separado das minhas filhas.

Nosso Pai faz o mesmo pedido. "Fique perto de mim. Converse comigo. Ore para mim. Deixe que eu entre para que suas preocupações possam sair." A preocupação diminui à medida que olhamos para cima. Deus sabe o que pode acontecer nesta jornada, e ele quer nos levar para casa.

Ore sobre tudo.

QUEM TEM SEDE VENHA

Não é por acaso que o estado do sudoeste norte-americano do Novo México é chamado de "Terra do Encantamento". Vastos desertos salpicados de sálvia. Montanhas púrpuras envolvidas por nuvens. Casas de adobe escondidas nas encostas das colinas. Pinheiros majestosos. Infindáveis produtos. Um cruzamento de culturas, do conquistador, passando pelos comanches aos caubóis. O Novo México encanta.

E nessa terra de encantamento, existe uma capela de milagres.

A um quarteirão ao sul do Hotel La Fonda, em Santa Fé, na esquina da Water Street com a Old Santa Fe Trail, está a Capela Loretto. Ao passar pelo portão de ferro, há mais do que um pátio de igreja. Você entra em outra era. Pare por um momento sob os galhos amplos das árvores antigas. Imagine como era o local quando os carpinteiros mexicanos finalizaram a capela, em 1878.

Você consegue ver os colonos caminhando pelas ruas lamacentas? Pode ouvir o zurrar dos burros? O gemido das rodas das carroças? Consegue ver o sol da manhã destacando essa capela gótica — tão simples, mas tão esplêndida — que tem como fundo as colinas desertas?

Foram necessários cinco anos para concluir a Capela Loretto. Inspirada na Sainte-Chapelle, em Paris, seu delicado santuário contém um altar, uma janela circular e uma galeria para o coral.

A galeria do coro é a razão para se maravilhar.

Se você estivesse na recém-construída capela em 1878, poderia ver as Irmãs de Loretto com um olhar triste na direção da galeria. Tudo mais estava completo: portas instaladas, bancos no lugar, piso colocado. Tudo estava pronto. Até a galeria do coral. Exceto por uma coisa: não havia escadas.

A capela era pequena demais para acomodar uma escada convencional. Os melhores construtores e projetistas da região balançaram a cabeça quando foram consultados. "Impossível", murmuraram. Simplesmente não havia espaço suficiente. Uma escada de mão cumpriria o propósito, mas arruinaria o ambiente.

As Irmãs de Loretto, cuja determinação as levara de Kentucky [no sudeste dos Estados Unidos] para Santa Fé, agora enfrentavam um desafio maior que sua jornada: uma escada que não podia ser construída.

O que elas sonharam e o que podiam fazer estavam separados por cinco metros impossíveis.

Diante disso, o que elas fizeram? Fizeram a única coisa que poderiam fazer. Elas subiram o monte. Não as altas montanhas próximas de Santa Fé. Não, elas subiram ainda mais alto. Subiram a mesma montanha que Jesus subiu 1.800 anos antes, em Betsaida. Elas subiram o monte da oração... Conta a história que as freiras oraram por nove dias. No último dia da novena, um carpinteiro mexicano barbudo e com o rosto queimado pelo vento apareceu no convento. Ele explicou que ouvira dizer que elas precisavam de uma escada para a galeria de uma capela. Ele achava que podia ajudar.

O que elas sonharam e o que podiam fazer estavam separados por cinco metros impossíveis. Diante disso, o que elas fizeram? A única coisa que poderiam fazer. {...} Elas subiram o monte da oração...

A madre superiora não tinha nada a perder, de modo que lhe deu permissão.

Ele trabalhava com ferramentas rudimentares, paciência detalhista e habilidade fantástica. Ele trabalhou ali por oito meses.

Certa manhã, as Irmãs de Loretto entraram na capela e descobriram que suas orações haviam sido respondidas. Uma obra de arte de carpintaria se erguia em espiral do chão à galeria. Duas voltas completas de 360 graus. Eram 33 degraus fixados entre si com pinos de madeira e nenhum suporte central. Dizia-se que a madeira é de uma variedade de abeto duro, que não existia no Novo México!

Quando as irmãs se voltaram para agradecer ao artesão, ele havia sumido. Nunca mais foi visto outra vez. Nunca pediu dinheiro. Nunca quis elogios. Era um simples carpinteiro que fez aquilo que ninguém mais pôde fazer, para que os cantores pudessem subir à galeria e cantar.

Veja a escada por si mesmo se quiser. Vá até a Terra do Encantamento. Entre nessa capela surpreendente e testemunhe o fruto da oração.

Ou, se preferir, converse você mesmo com o Mestre Carpinteiro. Ele já realizou um feito impossível no seu mundo. Ele, como o carpinteiro de Santa Fé, construiu uma escada que ninguém mais podia construir. Ele, tal como o artesão anônimo, usou material de outro lugar. Ele, como o visitante de Loretto, veio para transpor a lacuna entre o lugar onde você está e o lugar onde você deseja estar.

Cada ano da vida dele é um passo. Sim, 33 passos. Cada degrau da escada é uma oração respondida. Ele a construiu para que você possa subir.

E cantar.

UM DIA NA VIDA DE JESUS

Você já entregou seus desapontamentos a Deus? Você já os compartilhou com vizinho, parentes, amigos. Mas já os levou a Deus? Tiago diz que qualquer pessoa que estiver sofrendo "deve continuar orando sobre isso" (Tg 5.13, NBV).

Antes de levar seus desapontamentos a qualquer lugar, leve-os a Deus.

ALIVIANDO A BAGAGEM

Você pode falar com Deus porque ele ouve. Sua voz é importante no céu. Ele leva você muito a sério. Quando você entra na presença dele, os atendentes se voltam para escutar sua voz. Não precisa ter medo de ser ignorado. Ainda que você gagueje ou tropece, mesmo se o que você tem a dizer não impressione ninguém, certamente impressiona a Deus — e ele ouve. Ouve o apelo aflito do idoso no asilo. Ouve a confissão brusca do condenado no corredor da morte. Quando o alcoólico implora por misericórdia, quando o cônjuge busca orientação, quando o executivo sai da rua e entra na capela, Deus escuta.

Atentamente. Cuidadosamente. As orações são honradas como joias preciosas. Purificadas e fortalecidas, as palavras sobem numa fragrância agradável ao nosso Senhor. "E a fumaça do incenso subiu com as orações dos santos desde a mão do anjo até diante de Deus" (Ap 8.4, RC). Incrível. As palavras que você diz não param até que alcancem o próprio trono de Deus.

Então, o anjo "pegou o incensário, encheu-o com fogo do altar e lançou-o sobre a terra" (Ap 8.5). Basta um chamado e a esquadra celestial aparece. Sua oração na terra ativa o poder de Deus no céu, e a vontade de Deus é feita "assim na terra como no céu" (Mt 6.10).

Você é alguém no reino de Deus. Você tem acesso à fornalha de Deus. Suas orações levam Deus a mudar o mundo. Você talvez não entenda o mistério da oração. Não é preciso entender. Mas isto é muito claro: ações no céu começam quando alguém ora na terra. Que pensamento maravilhoso!

Quando você fala, Jesus escuta.

E quando Jesus escuta, o trovão cai.

E quando o trovão cai, o mundo é transformado.

Tudo porque alguém orou.

A GRANDE CASA DE DEUS

Nossas orações apaixonadas movem o coração de Deus. "A oração de um justo é poderosa e eficaz" (Tg 5.16). A oração não muda a natureza de Deus; quem ele é nunca será alterado. Contudo, a oração provoca um impacto no fluxo da história. Deus cercou o mundo de poder, mas ele nos chama para ligar o interruptor.

FAÇA A VIDA VALER A PENA

Acumular pecados nos endurece. Confessá-los nos suaviza.

Quando eram pequenas, minhas filhas gostavam de brincar com massa para modelar. Formavam figuras com a massa macia. Se elas se esqueciam de colocar a tampa na lata, a massinha endurecia. Nessas ocasiões, elas a traziam para mim. Minhas mãos eram maiores. Meus dedos eram mais fortes. Eu conseguia modelar aquela massa endurecida.

Seu coração está endurecido? Leve-o ao seu Pai. Você está a apenas uma oração de distância da ternura. Você vive em um mundo duro, mas não precisa viver com um coração duro.

3:16 – A MENSAGEM DE DEUS PARA A VIDA ETERNA

A distância entre Boston, no estado norte-americano de Massachusetts, e Edmonton, no Canadá, é bem grande. Independentemente de atalhos ou rotas diferentes, o caminho é longo.

Minha jornada começou por volta das 13h30. Falei onde deveria falar e coloquei meu tênis bem a tempo de enfrentar o tráfego por todo o caminho até o aeroporto Logan.

O avião com *overbooking*. Algumas pessoas estavam irritadas. Além disso, o avião fora planejado por um engenheiro que media 1,5 m de altura e que odiava pessoas altas. (Comi meus joelhos no almoço.) O avião chegou atrasado em Mineápolis, onde eu deveria trocar de aeronave.

Ora, eu sei que não devo reclamar. Já me ouvi pregar diversos sermões sobre gratidão. E sei que um milhão de pessoas no mundo adoraria ter os amendoins da companhia aérea que eu joguei fora. Ainda assim, saí do avião com câimbra na perna, o estômago vazio, uma atitude ruim e com mais três horas de viagem pela frente.

A caminho do próximo voo, vi um McDonald's. Parecia bom. Eu tinha tempo? Então, vi algo melhor: um telefone.

Fui até lá, coloquei as malas no chão e liguei para casa. Denalyn atendeu. Adoro quando ela atende. Ela está sempre feliz quando eu ligo. Quando ela chegar ao céu, São Pedro vai lhe dar o emprego de recepcionista do portão.

Passamos vinte minutos conversando sobre assuntos de Estado como o tempo na Nova Inglaterra e o tempo em San Antonio. Conversamos sobre uma amiga de Jenna que iria passar a noite em casa e sobre Sara, que podia estar com febre. Falei do professor de inglês canadense de origem francesa que se sentou ao meu lado no avião, e ela me falou sobre a nova escola de ensino fundamental.

Não tomamos decisões. Não resolvemos nenhum problema. Não solucionamos grandes conflitos. Simplesmente conversamos. E eu me sentia melhor.

Jenna pegou o telefone e perguntou quando eu chegaria em casa, e foi bom me sentir querido.

Andrea pegou o telefone também e disse que me amava, e foi bom me sentir amado.

Jenna colocou o telefone no ouvido da caçulinha Sara, e falei um pouco na linguagem dos bebês no meio do aeroporto. (Algumas pessoas se viraram para olhar.) Mas não me importei porque Sara arrulhou, e foi bom sentir que alguém havia arrulhado para mim.

Denalyn pegou o telefone de volta e disse: "Estou feliz por você ter ligado". E desliguei feliz da vida.

De volta ao avião e minha atitude de volta aos trilhos de novo. O avião atrasado por conta do tráfego aéreo significa Edmonton uma hora além do planejado. Não sabia quem iria me pegar, e não me lembrava do nome da pessoa com quem iria falar no dia seguinte. Mas não havia problema.

Consigo lidar com a ideia de ser um peregrino, contanto que saiba que posso ligar para casa sempre que quiser.

Jesus podia... e o fez.

Talvez essa seja a lógica por trás de Mateus 14.19: "Tomando os cinco pães e os dois peixes e, olhando para o céu, deu graças e partiu os pães". Eu sempre considerei essa oração como, no máximo, um bom exemplo — no mínimo, um bom hábito.

Assim, me ocorreu que, como eu, Jesus precisava ligar para casa no meio das dificuldades.

Até então.

Assim me ocorreu que, como eu, Jesus precisava ligar para casa no meio das dificuldades. Ele estava cercado de pessoas que queriam comida e de discípulos que queriam uma folga. Seu coração estava pesaroso com a morte de João Batista.

Ele precisava de um minuto com alguém que pudesse entendê-lo.

Talvez ele, como eu, tenha ficado um pouco cansado das dificuldades de se realizar um trabalho numa terra distante, e precisasse ligar para casa.

Assim ele fez. Bateu um papo com Aquele a quem amava. Ouviu o som da casa da qual sentia saudades. E foi lembrado de que, quando as coisas estão muito ruins, o céu se aproxima.

Talvez você devesse ligar para casa também. Deus ficará feliz — mas não tanto quanto você mesmo.

UM DIA NA VIDA DE JESUS

Propósito

Acenda o fogo interior

Deus usou (e usa!) pessoas para mudar o mundo. *Pessoas*! Não santos, super-humanos ou gênios, mas pessoas. Desonestos, aleijados, amantes e mentirosos — Deus usa todos esses. E aquilo que eles talvez não tenham em perfeição, Deus compensa com amor.

Seu nome é Salvador

Tijolo a tijolo, vida a vida, Deus está instituindo um reino, "uma casa espiritual" (1Pe 2.5). Ele confiou a você uma tarefa fundamental do projeto. Examine suas ferramentas e descubra qual é. Sua habilidade revela seu destino. "Se alguém serve, faça-o *com a força que Deus provê*, de forma que em todas as coisas Deus seja glorificado mediante Jesus Cristo" (1Pe 4.11, grifo do autor). Quando Deus dá uma missão, ele também dá a habilidade. Estude, então, suas habilidades para desvendar sua missão.

Olhe para você. Sua fantástica habilidade com números. Sua infinita curiosidade sobre química. As pessoas olham para diagramas e bocejam; você os lê e baba. "Fui feito para isso", diz você.

Preste atenção à musica interior. Nenhuma outra pessoa a escuta como você.

Neste exato momento, em outro ponto do prédio da igreja onde eu escrevo, crianças pequenas exploram suas ferramentas. Classes de pré-escolares podem soar desafinadas para você e para mim, mas Deus escuta uma sinfonia.

Um menino de 5 anos se senta junto a uma mesa cheia de lápis de cor. Ele quase nunca fala. Os colegas da classe há muito tempo deixaram sua pintura de lado, mas ele se debruça sobre a dele. As cores o impelem. Ele se maravilha diante do verde folha, do azul marinho e do vinho escuro. Com a obra de arte na mão, ele correrá até papai e mamãe, ansioso para mostrar a eles seu Picasso do jardim da infância.

A irmã dele, porém, se esquece de seu desenho. Ela não vai passar o caminho inteiro para casa falando de pinturas. Ela vai contar histórias de histórias. "A professora contou uma nova história hoje!" E a menina não precisará de nenhum estímulo para repeti-la.

Outro menino se importa menos com a história e os desenhos e mais com as outras crianças. Ele passa o dia usando a expressão "Ei, me escute!", demorando-se na frente da classe, testando a paciência da professora. Ele gosta de atenção, provoca reações. Seu tema parece ser "Faça desse jeito. Venha comigo. Vamos tentar isto".

> Nosso Criador dá missões às pessoas.
> Ao mesmo tempo em que chama, ele equipa.

Atividades insignificantes numa idade insignificante? Ou indicações sutis de pontos fortes ocultos? Escolho a segunda opção. O menino calado com fascinação por cores pode um dia iluminar as paredes da cidade com murais. A irmã dele pode escrever uma peça ou lecionar literatura para alunos curiosos.

E o menino que recruta seguidores hoje pode vir a fazer o mesmo em favor de um produto, dos pobres ou mesmo de sua igreja.

E quanto a você? Nosso Criador dá missões às pessoas. Ao mesmo tempo em que chama, ele equipa. Olhe para seu passado. O que você sempre fazia bem? O que você adorava fazer? Coloque-se na intersecção de suas afeições e de seus sucessos e descubra a sua singularidade.

Você possui uma qualidade única. Um chamado incomum para uma vida incomum.

QUEBRANDO A ROTINA

Deus não chama o qualificado. Ele qualifica o chamado.

Não deixe Satanás convencê-lo do contrário. Ele tentará. Ele lhe dirá que Deus tem uma exigência de Q.I. ou que cobra uma taxa de adesão. Que ele emprega apenas especialistas e peritos, governos e personalidades poderosas. Quando Satanás sussurrar tais mentiras, despeça-o com a verdade: Deus tumultuou a sociedade do primeiro século com pangarés, não com puros-sangues. Antes de Jesus aparecer, os discípulos estavam carregando caminhões, treinando futebol e vendendo refrigerantes na loja de conveniência. O colarinho deles não era branco, suas mãos eram calejadas e não há evidência de que Jesus os escolheu porque eram mais espertos ou mais legais que o cara da casa ao lado. A única coisa que tinham a seu favor era a disposição de dar um passo quando Jesus disse: "Siga-me".

FAÇA A VIDA VALER A PENA

Você foi chamado a correr riscos por causa de Deus? Pode apostar que não será fácil. Correr riscos nunca foi fácil. Pergunte a José. Ou, melhor ainda, pergunte a Jesus.

Ele sabe melhor que ninguém o preço de ir até o fim.

DEUS CHEGOU MAIS PERTO

Apresente Deus com a singularidade que você tem. Quando você magnifica o Criador através dos seus pontos fortes, quando sua contribuição enriquece a reputação de Deus, seus dias ficam repentinamente doces. E para realmente adoçar seu mundo, use sua singularidade para fazer algo grande para Deus, *todos os dias da sua vida*.

QUEBRANDO A ROTINA

Quer saber qual é a vontade de Deus para sua vida? Então responda a esta pergunta: O que incendeia o seu coração? Órfãos esquecidos? Nações não alcançadas? O centro da cidade? A periferia?

Preste atenção no fogo interior!

Você tem paixão por cantar? Então cante!

Você é motivado a gerenciar? Então gerencie!

Você tem compaixão pelos doentes? Então cuide deles!

Você sente pena dos perdidos? Então alcance-os!

Ainda jovem, senti o chamado para pregar. Sem saber se minha leitura da vontade de Deus para mim estava correta, busquei a opinião de um ministro que eu admirava. Seu conselho ainda se mostra verdadeiro. "Não pregue", disse ele, "a não ser que tenha de fazê-lo".

Enquanto ponderava sobre essas palavras, encontrei minha resposta: "Eu *tenho* de fazer isso. Se não fizer, o fogo vai me consumir".

Qual é o fogo que consome você?

Tome nota disto: Jesus vem para colocar fogo em você! Ele caminha como uma tocha de coração para coração, aquecendo o frio, derretendo o gélido e atiçando as cinzas. Ele é ao mesmo tempo um fogo intenso da Galileia e uma vela bem-vinda. Ele vem para eliminar a infecção e iluminar o seu caminho.

O fogo do seu coração é a luz do seu caminho. Se você o desprezar, sofrerá consequências. Se o atiçar, será para o seu contentamento. Sopre. Atice. Alimente. Os cínicos vão duvidar. Os que não o tem vão zombar dele. Mas aqueles que o conhecem — aqueles que conhecem a ele — vão entender.

Encontrar o Salvador é ser incendiado.

Descobrir a chama é descobrir a vontade dele.

E descobrir a vontade dele é acessar um mundo como nenhum outro que você já tenha visto.

A GRANDE CASA DE DEUS

Deus criou você e jogou o molde fora. "Dos céus olha o Senhor e vê toda a humanidade; do seu trono ele observa todos os habitantes da terra; ele, que forma o coração de todos, que conhece tudo o que fazem" (Sl 33.13-15, grifo do autor).

Vasculhe a história em busca da sua réplica; você não a encontrará. Deus o fez sob medida. Ele nos criou e formou pessoalmente (Is 43.7). Não existe uma caixa de "você reserva" na oficina de Deus. Você não é um dos muitos tijolos na pilha do pedreiro ou um entre as dezenas de parafusos na gaveta do mecânico. Você é você! E se você não fosse você, não teríamos você. O mundo ficaria em falta.

Você é o cometa Halley do céu; só temos uma oportunidade de ver você brilhar. Você oferece um dom à sociedade que ninguém mais tem. Se você não o trouxer, não o teremos.

QUEBRANDO A ROTINA

Você é mais canoa do que transatlântico? Mais figurante do que estrela de filme? Mais encanador do que executivo? Mais jeans azul do que sangue azul? Parabéns. Deus transforma o mundo com pessoas como você.

FAÇA A VIDA VALER A PENA

Você não desempenha um papel menor porque não há papel menor a ser desempenhado. "Todos você juntos são o corpo de Cristo, e cada um de vocês é um membro separado e necessário desse corpo" (1Co 12.27, NBV). "Separado" e "necessário". Singular e essencial. Nenhuma outra pessoa recebeu a sua fala. Deus "modelou cada pessoa, uma por vez" (Sl 33.15, MSG). O Autor do drama humano confiou sua parte apenas a você. Viva sua vida; senão, ela não será vivida. Precisamos que você seja você.

Você precisa ser você.

Você não pode ser seu herói, seu pai ou seu irmão mais velho. Você pode imitar o jeito de jogar ou o corte de cabelo deles, mas não pode ser nenhum deles. Você só pode ser você mesmo. Tudo o que você tem para dar é o que lhe foi dado com esse fim. Concentre-se em quem você é e no que você tem. "Não fiquem admirando vocês mesmos nem se comparando com os outros. Cada um precisa assumir o compromisso de fazer o melhor que puder com sua vida" (Gl 6.4-5, MSG).

QUEBRANDO A ROTINA

Por que você é bom naquilo que faz? Para seu conforto? Para sua aposentadoria? Para sua autoestima? Não. Considere essas coisas como bônus, não como motivo.

Por que você é bom naquilo que faz? Por causa de Deus. Seu sucesso não tem a ver com o que você faz. Tem a ver com ele — a glória presente e futura dele.

ISTO NÃO É PARA MIM

Somos criados por um grande Deus que faz grandes obras. Ele nos convida a fazer a vida valer a pena, não apenas no céu, mas aqui na terra.

FAÇA A VIDA VALER A PENA

"Todas as coisas foram criadas por ele, e tudo existe por meio dele e *para ele*. Glória a Deus para sempre!" (Rm 11.36, NTLH, grifo do autor). "Há um único Deus, o Pai, de quem vêm todas as coisas e *para quem vivemos* (1Co 8.6, grifo do autor).

Por que a terra gira? Para ele.

Por que você tem talentos e habilidades? Para ele.

Por que você tem riqueza ou pobreza? Para ele.

Força ou dificuldades? Para ele.

Tudo e todos existem para revelar a glória dele.
Incluindo você.

Isto não é para mim

Deus nunca o chamou para ser outra pessoa a não ser você. Mas ele de fato o chama a ser o melhor você que puder ser.

Quebrando a rotina

Deus permite que você se sobressaia para que possa fazê-lo conhecido. E pode ter certeza de uma coisa: Deus fará que você seja bom em alguma coisa.

Isto não é para mim

Houve um homem que ousou pedir a Deus que falasse.
Queima a sarça como fizeste por Moisés, Deus.
Então te seguirei.
Derruba os muros como fizeste por Josué, Deus.
Então eu lutarei.
Acalma as ondas como fizeste na Galileia, Deus.
Então eu ouvirei.
E o homem se sentou ao lado de um arbusto, junto a um muro, perto do mar e esperou que Deus falasse.
E Deus ouviu o homem, portanto, respondeu.
Enviou fogo, não para um arbusto, mas para uma igreja.
Derrubou um muro, não de tijolos, mas de pecados.
Acalmou uma tempestade, não do mar, mas de uma alma.

E Deus esperou que o homem respondesse.
E esperou...
E esperou...
E esperou.
No entanto, por estar olhando para arbustos, não para corações;
para tijolos, não para vidas; para mares, não para almas;
o homem concluiu que Deus não fizera nada.
Finalmente ele olhou para Deus e perguntou: "Perdeste o poder?"
E Deus olhou para o homem e disse: "Você perdeu a audição?".

OUVINDO DEUS NA TORMENTA

Quando você tira o máximo daquilo que faz melhor, você faz os botões do colete de Deus estourarem de orgulho.

QUEBRANDO A ROTINA

Relacionamento com Deus

Um protetor e provedor pessoal

Ouvir a Deus é uma experiência pessoal. Quando pede sua atenção, Deus não quer que você envie um substituto; ele quer você. Ele convida *você* a tirar férias em seu esplendor. Ele convida *você* a sentir o toque de sua mão. Ele convida *você* a banquetear em sua mesa. Ele quer passar tempo com *você*. E, com um pouco de treino, seu tempo com Deus pode ser o destaque do seu dia.

Simplesmente como Jesus

Deus será sempre o mesmo.

Isso não se aplica a mais ninguém. Amores o chamam hoje e zombam de você amanhã. Empresas dão aumentos seguidos de demissões. Amigos o elogiam quando você dirige um carrão e o desprezam quando você dirige uma lata-velha. Deus não. Deus é "sempre o mesmo" (Sl 102.27, RA). Ele "não muda como sombras inconstantes" (Tg 1.17).

Pegar Deus de mau humor? Sem chance. Ter medo de que a graça se esgote? É mais fácil uma sardinha engolir o Atlântico. Pensar que ele desistiu de você? Errado. Ele não lhe fez uma promessa? "Deus não é homem para que minta, nem filho de homem para que se arrependa. Acaso ele fala, e deixa de agir? Acaso promete, e deixa de cumprir?" (Nm 23.19). Ele nunca está emburrado ou amargurado, mal-humorado ou estressado. Sua força, sua verdade, seus caminhos e seu amor nunca mudam. Ele "é o mesmo, ontem, hoje e para sempre" (Hb 13.8).

ISTO NÃO É PARA MIM

Deus recompensa aqueles que *o* buscam. Não aqueles que buscam doutrina, religião, sistemas ou credos. Muitos se contentam com essas paixões menores, mas a recompensa vai para aqueles que não se contentam com menos do que o próprio Jesus. E qual é a recompensa? O que esperam aqueles que buscam a Jesus? Nada menos que o coração de Jesus. "À medida que o Espírito do Senhor trabalha dentro de nós, somos transformados com glória cada vez maior, e tornamo-nos mais e mais semelhantes a ele" (2Co 3.18, NBV).

Você consegue pensar num presente maior do que ser igual a Jesus? Cristo não sentia culpa; Deus quer banir a sua. Jesus não tinha maus hábitos; Deus quer remover os seus. Jesus não tinha medo da morte; Deus quer que você seja destemido. Jesus era bondoso com os doentes, misericordioso com os rebeldes e corajoso diante dos desafios. Deus quer o mesmo para você.

SIMPLESMENTE COMO JESUS

Deus sussurra. Ele grita. Ele cutuca e puxa. Ele leva nossos fardos; ele chega a tirar nossas bênçãos. Se existirem mil degraus entre nós e ele, ele removerá todos, menos um. Pois ele deixa o último para nós. A escolha é nossa.

Por favor, entenda uma coisa. O objetivo dele não é fazer você feliz. O objetivo dele é fazer que você seja dele.

OUVINDO DEUS NA TORMENTA

Deus *em* nós! Já avaliamos a profundidade dessa promessa?

Deus estava *com* Adão e Eva, caminhando com eles no frescor do final de tarde.

Deus estava *com* Abraão, chegando até a chamar o patriarca de amigo.

Deus estava *com* Moisés e os filhos de Israel. Os pais podiam mostrar a seus filhos o fogo à noite e a nuvem de dia; "Deus está conosco", eles podiam assegurar.

Entre o querubim e a arca, na glória do templo, Deus estava *com* o povo. Ele estava *com* os apóstolos. Pedro pôde tocar a barba de Deus. João pôde ver Deus dormir. Multidões ouviram sua voz. Deus estava *com* eles!

Mas ele está *em* você. Você é uma Maria dos tempos modernos. Ainda mais do que isso. Ele era um feto dentro dela, mas é uma força em você. Ele faz o que você não é capaz de fazer. Imagine um milhão de dólares sendo depositados em sua conta bancária. A qualquer observador, você parece o mesmo, a não ser pelo sorriso de bobo, mas você é o mesmo? De jeito nenhum! Com Deus *em* você, você tem um milhão de recursos que não tinha antes!

> Com Deus em você, você tem um milhão de recursos que não tinha antes!

Não consegue parar de beber? Cristo pode. E ele vive dentro de você.

Não consegue parar de se preocupar? Cristo pode. E ele vive dentro de você.

Não consegue perdoar aquele idiota, esquecer o passado ou abandonar seus hábitos ruins? Cristo pode! E ele vive dentro de você.

Paulo sabia disso. "Para isso eu me esforço, lutando conforme a sua força, que atua poderosamente *em* mim" (Cl 1.29, grifo do autor).

Tal como Maria, você e eu somos habitados por Cristo.

O Salvador mora ao lado

Deus nos chama em um mundo real. Ele não se comunica fazendo truques. Ele não se comunica empilhando estrelas nos céus ou reencarnando antepassados mortos. Ele não vai falar com você por meio de vozes num milharal ou de um gordinho numa terra chamada Oz. Existe tanto poder no Jesus de plástico no painel do seu carro quanto no dado de isopor pendurado no retrovisor.

Não faz a mínima diferença se você é de aquário ou de capricórnio, ou se você nasceu no dia em que Kennedy foi baleado. Deus não é um charlatão. Ele não é um gênio da lâmpada. Não é um mágico, nem um amuleto, nem é o cara lá de cima. Em vez disso, ele é o Criador do universo que está bem no meio do furacão que é o seu dia a dia, que fala com você mais por meio de bebês que balbuciam e de estômagos famintos do que jamais falará por meio de horóscopos, mapas astrais ou santas que choram.

Se você tiver alguma visão sobrenatural ou ouvir uma voz estranha no meio da noite, não se deixe levar tão facilmente.

Pode ser Deus ou pode ser uma indigestão, e você não vai querer confundir um com outro.

Você também não quer perder o impossível por procurar pelo incrível. Deus fala em nosso mundo. Precisamos apenas aprender a ouvi-lo.

Escute-o em meio ao comum.

Quando os anjos silenciaram

Cristo o encontra do lado de fora da sala do trono, leva-o pela mão e caminha até a presença de Deus. Ao entrar, encontramos graça, não condenação; misericórdia, não punição. No lugar onde nunca nos seria concedida uma audiência com o rei, somos agora bem-vindos na presença dele.

Se você é pai, é capaz de entender. Se uma criança que você não conhece aparecesse na sua porta e pedisse para passar a noite ali, o que você faria? Provavelmente você perguntaria o nome dela, onde vive, tentaria descobrir por que ela estava vagando pelas ruas e entraria em contato com os pais dela. Por outro lado, se a criança entrar na sua casa acompanhado por seu filho, será bem-vinda. O mesmo é verdade em relação a Deus. Ao nos tornarmos amigos do Filho, obtemos acesso ao Pai.

Jesus prometeu: "Se alguém afirmar publicamente que é meu, eu também, no Dia do Juízo, afirmarei diante do meu Pai, que está no céu, que ele é meu" (Mt 10.32, NTLH). Uma vez que somos amigos de seu Filho, temos entrada garantida na sala do trono. Ele nos conduz a "esta vida na graça de Deus" (Rm 5.2, NTLH).

Este presente não é uma visita ocasional diante de Deus, mas, ao contrário, um permanente "acesso pela fé a esta graça na qual agora estamos firmes" (Rm 5.2).

Nas garras da graça

Gosto de João especialmente pela maneira como ele amava Jesus. Seu relacionamento com Jesus foi muito simples. Para João, Jesus era um bom amigo, com um bom coração e uma boa ideia. Um contador de histórias com uma promessa no final do arco-íris.

Tem-se a impressão de que, para João, Jesus era, acima de tudo, um companheiro leal. Messias? Sim. Filho de Deus? De fato. Fazedor de milagres? Isso também. Mais do que qualquer coisa, porém, Jesus era um camarada. Alguém com quem se poderia acampar, jogar boliche ou contar as estrelas.

Simples. Para João, Jesus não era um tratado sobre ativismo social, nem uma licença para jogar bombas em clínicas de aborto ou para viver no deserto. Jesus era um amigo.

Ora, o que você faz com um amigo? (Bem, isso é muito simples também.) Você se apega a ele.

Talvez seja por isso que João é o único dos doze a ficar ao lado da cruz. Ele veio para dizer adeus. Ele ainda não havia juntado os próprios cacos, mas aquilo realmente não importava. Por mais que estivesse preocupado, seu amigo mais próximo estava em dificuldades e ele viera para ajudar.

> João nos ensina {...} que as maiores teias de lealdade são tecidas não com teologias herméticas nem com filosofias infalíveis, mas com amizades.

"Você pode cuidar da minha mãe?"

É claro que sim. Para isso servem os amigos.

João nos ensina que o relacionamento mais forte com Cristo não precisa necessariamente ser um relacionamento complicado. Ele nos ensina que as maiores teias de lealdade são tecidas não com teologias herméticas nem com filosofias infalíveis, mas com amizades; amizades resistentes, altruístas e alegres.

Depois de testemunhar esse amor persistente, ficamos com um desejo intenso de ter um igual. Ficamos sentindo que, se estivéssemos no lugar de alguém naquele dia, estaríamos no lugar do jovem João e teríamos sido aquele que ofereceu um sorriso de lealdade a seu querido Senhor.

SEU NOME É SALVADOR

Você quer ser ousado amanhã? Então esteja com Jesus hoje. Esteja em sua Palavra. Esteja com o povo dele. Esteja na presença dele. E quando a perseguição vier (e ela virá), seja forte. Quem sabe as pessoas percebam que, assim como os discípulos, você esteve com Cristo.

FAÇA A VIDA VALER A PENA

"Se Deus é por nós, quem será contra nós?" (Rm 8.31).

A pergunta não é simplesmente "Quem será contra nós?". Você pode responder a isso. Quem é contra você? Doença, inflação, corrupção, esgotamento. Calamidades confrontam e medos aprisionam. Se a pergunta de Paulo fosse "Quem será contra nós?", poderíamos citar nossos inimigos com muito mais facilidade do que combatê-los. Mas essa não é a pergunta. A pergunta é: Se *Deus é por nós*, quem será contra nós?

Permita-me uma observação. Quatro palavras deste versículo merecem sua atenção. Leia vagarosamente a frase "Deus é por nós". Por favor, faça uma pausa de um minuto antes de continuar. Leia a frase novamente, em voz alta. (Minhas desculpas à pessoa ao seu lado.) *Deus é por nós*. Repita a frase quatro vezes, enfatizando uma das palavras a cada vez. (Vamos lá, você não está com tanta pressa assim.)

Deus é por nós.

Deus *é* por nós.

Deus é *por* nós.

Deus é por *nós*.

Deus é por você. Seus pais podem ter se esquecido de você, seus professores podem tê-lo menosprezado, seus irmãos podem ter se envergonhado de você; mas ao alcance das suas orações está aquele que criou os oceanos. Deus!

Deus *é* por você. Não "talvez seja", nem "foi", nem "era", nem "seria", mas "Deus é"! Ele *é* por você. Hoje. Nesta hora. Neste minuto. Enquanto você lê esta frase. Não é preciso esperar na fila ou voltar amanhã. Ele está com você. Ele não poderia estar mais perto do que está neste exato segundo. A lealdade dele não aumentará se você for melhor nem diminuirá se você for pior. Ele é por você.

Deus é *por* você. Vire-se para a beira da pista; Deus está torcendo por sua corrida. Olhe na direção da linha de chegada; lá está Deus aplaudindo suas passadas. Escute a voz dele nas arquibancadas, gritando seu nome. Cansado demais para continuar? Ele carrega você. Desanimado demais para lutar? Ele o recupera. Deus é *por* você.

Deus é por *você*. Se ele tivesse uma agenda, seu aniversário estaria marcado com um círculo. Se ele dirigisse um carro, seu nome estaria no para-choque. Se existe uma árvore no céu, ele entalhou seu nome no tronco. Sabemos que ele tem uma tatuagem e sabemos o que ela diz: "O seu nome está escrito nas minhas mãos" (Is 49.16, NTLH).

Ainda que o próprio inferno se levante contra você, ninguém poderá derrotar você. Você está protegido. Deus está com você.

"Haverá mãe que possa esquecer seu bebê que ainda mama e não ter compaixão do filho que gerou?", pergunta Deus em Isaías 49.15. Que pergunta bizarra. Vocês, mães, conseguem imaginar alimentar seu filho e depois perguntar "qual era o nome daquela criança?". Não. Já vi você cuidar do seu pequenino. Você acaricia o cabelo, toca a face, e canta o nome dele várias e várias vezes. Pode uma mãe se esquecer? De jeito nenhum. Mas "embora ela possa esquecê-lo, eu não me esquecerei de você!", garante Deus (Is 49.15).

Deus está com você. Sabendo disso, quem será contra você? A morte pode prejudicá-lo agora? A doença pode roubar-lhe a vida? Podem os seus propósitos ser roubados ou seu valor diminuído? Não. Ainda que o próprio inferno se levante contra você, ninguém poderá derrotar você. Você está protegido. Deus está com você.

NAS GARRAS DA GRAÇA

Salvação

Um coração purificado por Cristo

Enxergar o pecado sem a graça é desespero. Enxergar a graça sem o pecado é arrogância. Enxergar os dois em conjunto é conversão.

Quando Deus sussurra o seu nome

Minha família fez algo significativo por mim certa vez. Uma festa em minha homenagem — uma festa de aniversário surpresa. No início da semana anterior eu disse a Denalyn que não planejasse nada, a não ser uma noite agradável com a família, num restaurante. Ela escutou apenas a parte do restaurante. Não sabia que umas seis famílias se juntariam a nós.

De fato, tentei convencê-la a ficar em casa. "Vamos jantar fora outra noite", sugeri. Andrea estava adoentada. Jenna tinha lição de casa e eu havia passado a tarde assistindo ao futebol e estava com preguiça. Realmente não estava no clima de levantar, me arrumar e sair. Achei que não teria dificuldades para convencer as meninas a adiar o jantar. Rapaz, que surpresa! Elas não queriam nem pensar nisso. Cada uma das minhas objeções foi recebida por um *front* unido e uma defesa unânime. Minha família deixou claro que sairíamos para comer.

E não apenas isso, sairíamos na hora. Concordei e fui me arrumar. Mas, para desespero delas, eu me arrumava muito devagar. Éramos um caso de estudo sobre contrastes. Minha atitude era: "Por que a pressa?". A atitude de minhas filhas era: "Anda logo!". Eu estava indiferente. Elas estavam animadas. Eu estava contente em ficar. Elas estavam ansiosas para sair. Para ser honesto, eu estava confuso com a atitude delas. Elas estavam atipicamente dispostas. Curiosamente entusiasmadas. Por que tanta coisa? Quero dizer, gosto de sair à noite tanto quanto qualquer um, mas Sara foi pulando o caminho inteiro até o restaurante.

Somente quando chegamos é que a atitude delas fizeram sentido. Um passo restaurante adentro e entendi o entusiasmo. *Surpresa!* Não era à toa que elas estavam agindo de maneira diferente. Elas sabiam de algo que eu não sabia. Elas viram o que eu não tinha visto. Elas já tinham visto a mesa, empilhado os presentes e cheirado o bolo. Uma vez que elas sabiam sobre a festa, fizeram tudo o que era necessário para que eu não a perdesse.

Jesus faz o mesmo conosco. Ele já sabe sobre a *festa*. Em um dos maiores capítulos da Bíblia, Lucas 15, ele conta três histórias. Cada história fala de algo perdido e encontrado. Uma ovelha perdida. Uma moeda perdida. Um filho perdido. E, no final de cada uma, Jesus descreve uma festa, uma comemoração. O pastor dá uma festa pela ovelha perdida e agora encontrada. A dona de casa dá uma festa por causa da moeda perdida e agora encontrada. E o pai dá uma festa em honra a seu filho perdido e agora encontrado.

Três parábolas, cada uma com uma festa. Três histórias, cada uma com a aparição de uma mesma palavra: *alegria*. Em relação ao pastor que encontrou a ovelha perdida, Jesus diz (com grifos do autor): "E quando a encontra, coloca-a *alegremente* nos ombros e vai para casa" (v. 5-6). Quando a dona de casa encontra sua moeda perdida, ela anuncia: "*Alegrem-se* comigo, pois encontrei minha moeda perdida" (v. 9). E o pai do filho pródigo explica ao relutante irmão mais velho: "Mas nós tínhamos que celebrar a volta deste seu irmão e *alegrar-nos*, porque ele estava morto e voltou à vida, estava perdido e foi achado" (v. 32).

A maior alegria de Jesus é quando o perdido é encontrado. Para ele, nenhum momento se compara ao momento da salvação.

A questão é clara. A maior alegria de Jesus é quando o perdido é encontrado. Para ele, nenhum momento se compara ao momento da salvação. Para minha filha, a alegria começou quando eu me troquei, prosseguiu no carro e no caminho para a festa. O mesmo ocorre no céu. Tão logo um filho consente em ser revestido de justiça e começa a jornada para o lar, o céu serve o ponche, agita as bandeiras e joga o confete. "Da mesma forma, há alegria na presença dos anjos de Deus por um pecador que se arrepende" (v. 10).

SIMPLESMENTE COMO JESUS

Em nosso novo nascimento, Deus refaz nossa alma e nos dá aquilo de que precisamos, outra vez. Novos olhos para que possamos enxergar pela fé. Uma nova mente para que tenhamos a mente de Cristo. Nova força para que não nos cansemos. Uma nova visão para que não desistamos. Uma nova voz para louvar e novas mãos para servir. E, acima de tudo, um novo coração. Um coração que foi purificado por Cristo.

OUVINDO DEUS NA TORMENTA

O plano de Deus para você é um só: um novo coração. Se você fosse um carro, Deus exigiria controlar seu motor. Se você fosse um computador, Deus reclamaria para si o sistema operacional e o disco rígido. Se você fosse um avião, ele assumiria o lugar na cabine do piloto. Mas você é uma pessoa, por isso Deus quer mudar o seu coração.

SIMPLESMENTE COMO JESUS

A caminhada rumo à liberdade nunca é esquecida. A vereda percorrida da escravidão à libertação é sempre vívida. É mais do que uma estrada; é um livramento. As algemas são abertas e, talvez pela primeira vez, surge a liberdade. "Creio que sempre me lembrarei daquela caminhada..."

Você se lembra da sua? Onde você estava na noite em que a porta se abriu? Você se lembra do toque do Pai? Quem caminhou com você no dia em que foi liberto? Você ainda consegue ver a cena? Pode sentir a estrada sob os pés?

Espero que sim. Espero que esteja plantado permanentemente em sua alma o momento em que o Pai o chamou das trevas e o conduziu pelo caminho. É uma lembrança como nenhuma outra. Pois, quando ele o liberta, você é verdadeiramente livre.

Os que foram escravos um dia são capazes de descrever muito bem a hora da libertação.

Posso lhe contar a minha?

Uma classe de escola dominical numa pequena cidade do oeste do Texas. Não sei o que foi mais notável: um professor tentar ensinar a carta aos Romanos a um grupo de crianças de 10 anos ou eu me lembrar do que ele disse.

A sala tinha um tamanho médio, uma das doze ou mais salas de uma igrejinha. Minha carteira tinha entalhes no tampo e chiclete grudado embaixo. Havia cerca de vinte delas na sala, mas apenas quatro ou cinco estavam ocupadas.

Nós nos sentamos no fundo, muito bem comportados a fim de demonstrar interesse. Jeans engomado. Tênis de cano alto. Era verão, e o sol se punha lentamente, tingindo a janela de dourado.

O professor era um homem sério. Ainda me lembro de seu corte de cabelo militar, sua barriga protuberante por baixo do paletó que ele nem sequer tentava abotoar. A gravata parava no meio do peito. Tinha uma verruga preta na testa, uma voz suave e um sorriso gentil. Embora estivesse irremediavelmente fora de sintonia com os meninos de 1965, ele não sabia disso.

As anotações empilhadas num púlpito, embaixo de uma enorme Bíblia preta. De costas para nós, seu paletó sobe e desce acima da linha da cintura enquanto escreve na lousa. Ele fala com paixão genuína. Não é um homem dramático, mas nesta noite ele está fervoroso.

Só Deus sabe por que dei ouvidos a ele naquela noite. Seu texto era Romanos 6. O quadro negro estava repleto de palavras longas e esboços. Em algum ponto do processo de descrição de como Jesus foi para a tumba e saiu de lá, aconteceu. A joia da graça foi erguida e virada, de modo que pude vê-la de um novo ângulo. E ela me tirou o fôlego.

Não vi um código moral. Não vi uma igreja. Não vi dez mandamentos ou demônios do inferno. Vi o que outra criança de 10 anos — Mary Barbour — viu. Vi meu Pai entrar em minha noite escura, despertar-me do meu sono e gentilmente guiar-me — não, carregar-me — para a liberdade.

"Creio que sempre me lembrarei daquela caminhada."[3]

QUANDO OS ANJOS SILENCIARAM

De acordo com Jesus, nossas decisões têm um impacto termostático sobre o mundo invisível. Nossas ações no teclado da terra disparam martelos nas cordas do piano do céu. Nossa obediência puxa as cordas que fazem tocar os sinos dos campanários celestes. Basta um filho chamar e o ouvido do Pai se inclina. Basta uma irmã chorar e lágrimas começam a fluir do alto. Basta um santo morrer para que o portão seja aberto. E, mais importante, basta um pecador se arrepender e todas as outras atividades cessam, e todo o céu começa a festejar. Quando uma alma é salva, o coração de Jesus se transforma no céu noturno de 31 de dezembro, radiante de explosões de júbilo.

SIMPLESMENTE COMO JESUS

Como uma pessoa recebe a Cristo? Chegando com sede e bebendo profundamente. Como, então, alguém vive em Cristo? Chegando com sede e bebendo profundamente.

Quando você faz isso, o poder salvador se torna o poder de resistência. "Pois eu estou certo de que Deus, que começou esse bom trabalho na vida de vocês, vai continuá-lo até que ele esteja completo no Dia de Cristo Jesus" (Fp 1.6, NTLH).

Cristo não lhe deu um carro e disse para você empurrá-lo. Também não lhe deu um carro e disse para você dirigi-lo. Sabe o que ele fez? Escancarou a porta do passageiro, convidou-o a entrar e pediu que você colocasse o cinto de segurança para a maior aventura de sua vida.

QUEM TEM SEDE VENHA

Considere os feitos de Deus.
Ele não fecha os olhos para o nosso pecado, nem abre mão dos seus preceitos.
Ele não faz vista grossa a nossa rebelião, nem afrouxa suas exigências.
Em vez de desconsiderar nossos pecados, ele os assume e (inacreditável!) sentencia a si mesmo.
A santidade de Deus é honrada. Nosso pecado é punido e nós somos redimidos.
Deus faz o que não podemos fazer para que possamos ser aquilo que nem sequer ousamos sonhar: perfeitos diante de Deus.

NAS GARRAS DA GRAÇA

Já seria suficiente se Deus simplesmente limpasse seu nome, mas ele faz mais do que isso. Ele lhe dá o nome dele. Seria suficiente se Deus simplesmente o libertasse, mas ele faz mais do que isso. Ele o leva para casa. Ele o leva para a grande casa de Deus.

Pais adotivos entendem isso melhor que ninguém. Certamente não quero ofender os pais biológicos — eu mesmo sou um deles. Nós, pais biológicos, sabemos bem como é o profundo desejo de ter um filho. Mas, em muitos casos, nossos berços se enchem com facilidade. Decidimos ter um filho e o filho chega. De fato, às vezes as crianças chegam sem que haja uma decisão. Já ouvi falar de gravidez não planejada, mas nunca de adoção não planejada.

É por isso que pais adotivos entendem a paixão de Deus por nos adotar. Eles sabem o que significa sentir um vazio por dentro. Eles sabem o que significa procurar, começar uma missão e assumir a responsabilidade por uma criança com um passado maculado e um futuro duvidoso. Se há alguém que entende o ardor de Deus por seus filhos é a pessoa que resgatou um órfão do desespero, pois isso é o que Deus fez por nós.

Deus adotou você. Deus o buscou, o encontrou, assinou os papéis e o levou para casa.

A GRANDE CASA DE DEUS

Por que Jesus e seus anjos se regozijam por um pecador que se arrepende? Será que eles podem ver algo que não podemos? Eles sabem de alguma coisa que não sabemos? Com certeza. Eles sabem o que o céu reserva. Eles viram a mesa, ouviram a música e mal podem esperar para ver sua cara de surpresa quando você chegar. Melhor ainda: eles mal podem esperar para vê-lo.

SIMPLESMENTE COMO JESUS

Nunca existe um ponto em que você esteja menos salvo do que estava no primeiro momento em que ele o salvou. Só porque você estava irritado no café da manhã não significa que foi condenado. Ontem, quando você perdeu a calma, não perdeu a salvação. Seu nome não desaparece e reaparece no livro da vida de acordo com seu humor ou suas ações. Essa é a mensagem da graça. "Já não há condenação para os que estão em Cristo Jesus" (Rm 8.1).

Você é salvo, não pelo que faz, mas pelo que Cristo fez. Você é especial, não por causa do que faz, mas por ser quem é. E você é dele.

E porque somos dele, vamos esquecer os atalhos e permanecer na estrada principal. Ele conhece o caminho. Ele desenhou o mapa. Ele sabe o caminho para casa.

NAS GARRAS DA GRAÇA

Lá nos tempos da escola primária, meu irmão ganhou uma espingarda de ar comprimido no Natal. Imediatamente montamos um estande de tiro no quintal de casa e passamos a tarde atirando num alvo semelhante ao de um arqueiro. Depois de ficar enjoado com a facilidade de acertar o círculo, meu irmão me mandou pegar um espelho de mão. Ele colocou a arma ao contrário, sobre seu ombro, encontrou o centro do alvo no espelho e fez sua melhor imitação de Buffalo Bill. Mas errou o alvo. Também errou o depósito atrás do alvo e a cerca atrás do depósito. Não fazíamos a menor ideia de onde a bala fora parar. Contudo, nosso vizinho do outro lado da rua estreita sabia. Ele logo apareceu na cerca, perguntando quem havia dado o tiro e quem iria pagar por sua porta de vidro de correr.

A essa altura, reneguei meu irmão. Mudei meu sobrenome e disse ser um visitante canadense em férias. Meu pai foi mais nobre que eu. Ouvindo o barulho, ele apareceu no quintal, recém-despertado de sua soneca de Natal, e conversou com o vizinho.

Entre outras palavras, ouvimos estas:

"Sim, eles são meus filhos."

"Sim, eu pagarei pelos erros deles."

Cristo diz o mesmo a seu respeito. Ele sabe que você errou o alvo. Sabe que você não pode pagar por seus erros. Mas ele pode. "Deus foi quem enviou Cristo Jesus para levar o castigo pelos nossos pecados" (Rm 3.25, NBV).

> Cristo {...} sabe que você não pode pagar por seus erros. Mas ele pode.

Já que não tinha pecado, ele podia.

Já que ama você, ele o fez. "Nisto sabemos o que é o verdadeiro amor: não é o nosso amor por Deus, mas sim o seu amor por nós, quando nos enviou o seu Filho para acalmar a ira de Deus contra os nossos pecados" (1Jo 4.10, NBV).

Ele se tornou um de nós para redimir a todos nós. "Tanto aquele que santifica quanto os que são santificados têm agora o mesmo Pai. É por isso que Jesus não se envergonha de nos chamar seus irmãos" (Hb 2.11, NBV).

Ele não se envergonhou de Davi. Ele não se envergonha de você. Ele o chama de irmão; ele a chama de irmã. A pergunta é: você o chama de Salvador?

Tire um instante para responder a essa pergunta. Talvez você nunca o tenha chamado assim. Talvez você nunca tenha tomado conhecimento de quanto Cristo o ama. Agora você sabe. Jesus não renegou Davi. Ele não vai renegar você. Ele apenas espera o seu convite. Uma palavra sua e Deus fará outra vez aquilo que fez por Davi e milhões de outros: ele vai reclamar você, vai salvá-lo e vai usá-lo. Quaisquer palavras servem, mas estas parecem apropriadas:

Jesus, meu Salvador e matador de gigantes, peço misericórdia, força e vida eterna. Confio em ti com meu coração e entrego a minha vida. Amém.

Ore essas palavras com um coração honesto e tenha certeza disto: seu maior Golias já caiu. Seus erros foram jogados fora e a morte foi destruída. O poder que transformou em pigmeus os gigantes de Davi fez o mesmo com os seus.

Você pode dirigir-se a seus gigantes. Por quê? Porque você primeiramente dirigiu-se a Deus.

DERRUBANDO GOLIAS

𝔖𝔇

Em muitos aspectos, seu novo nascimento é igual ao primeiro: no novo, Deus dá o que você precisa; é outra pessoa quem sente a dor, e ainda outra se ocupa do trabalho. Assim como os pais são pacientes com o recém-nascido, Deus também é paciente com você. Mas existe uma diferença. Na primeira vez, você não tinha escolha quanto a nascer; desta vez você tem. O poder é de Deus. O esforço é de Deus. A dor é de Deus. Mas a escolha é sua.

OUVINDO DEUS NA TORMENTA

Deus concede a salvação e a direciona. O poder da salvação vem de Deus, e é nele que ela tem origem. O presente não é do homem para Deus. É de Deus para o homem. "Não é o nosso amor por Deus, mas sim o seu amor por nós, quando nos enviou o seu Filho para acalmar a ira de Deus contra os nossos pecados" (1Jo 4.10, NBV).

A graça é criada por Deus e concedida ao homem. "Vocês, céus elevados, façam chover justiça; derramem-na as nuvens. Abra-se a terra, brote a salvação, cresça a retidão com ela; eu, o Senhor, a criei" (Is 45.8).

Com base apenas nesse ponto, o cristianismo se destaca de qualquer outra religião do mundo.

NAS GARRAS DA GRAÇA

Ele marcou você. Ele o escuta e o convida. O que antes os separava já foi removido. "Mas agora, em Cristo Jesus, vocês, que antes estavam longe, foram aproximados mediante o sangue de Cristo" (Ef 2.13). Não há mais nada entre você e Deus, a não ser uma porta aberta.

ELE ESCOLHEU OS CRAVOS

Novas chances

Conte com a bondade de Deus

A fidelidade de Deus nunca dependeu da fidelidade de seus filhos. Ele é fiel, mesmo quando nós não somos. Quando nos falta coragem, não falta para ele. Ele fez uma história usando pessoas apesar das pessoas. Deus é fiel, mesmo quando seus filhos não são. É isso o que faz Deus ser Deus.

Ouvindo Deus na tormenta

Quem quiser — a maravilhosa saudação de Deus.

Adoro ouvir minha mulher dizer "quem quiser". Às vezes detecto minha fragrância favorita exalando da cozinha: torta de morango. Sigo o cheiro como um cão perdigueiro que segue uma trilha, até que me vejo diante de uma forma de puro prazer recém-preparado. Contudo, aprendi a manter o garfo no lugar até que Denalyn dê o sinal verde.

— Para quem é? — pergunto.

Ela pode partir o meu coração.

— É para uma festa de aniversário, Max. Não toque nela!

Ou então ela pode dizer:

— É para uma amiga. Fique longe!

Ou ela pode escancarar a porta do deleite.

— Para quem quiser.

E uma vez que me encaixo na categoria "quem quiser", eu digo:

— Eu quero.

Espero que você diga o mesmo. Não para a torta, mas para Deus.

Nenhuma condição é ruim demais.

Nenhuma hora é tarde demais.

Nenhum lugar é longe demais.

Como estiver. Quando quiser. Onde estiver.

Quem quiser inclui você... para sempre.

3:16 – A MENSAGEM DE DEUS PARA A VIDA ETERNA

Não desista de seu Saulo. Quando outros o rejeitarem, dê-lhe outra chance. Fique firme. Chame-a de irmã. Chame-o de irmão. Fale ao seu Saulo sobre Jesus, e ore. E lembre-se disto: Deus nunca manda você para um lugar onde ele nunca esteve. Quando você alcançar o seu Saulo, só Deus sabe o que você encontrará.

Minha história predileta à moda de Ananias envolve dois colegas de um dormitório de universitários. O Ananias da dupla era a alma tolerante. Ele tolerava a bebedeira de seu amigo até tarde da noite, o vômito no meio da madrugada e a sonolência do dia seguinte. Não reclamava por seu companheiro desaparecer no final de semana ou fumar dentro do carro. Ele poderia ter pedido um colega de quarto que fosse à igreja com mais frequência, que xingasse menos ou que se preocupasse com algo além de impressionar meninas.

Mas ele se relacionou com aquele Saulo pessoal, aparentemente por achar que algo bom poderia acontecer se o rapaz conseguisse arrumar a vida. Dessa forma, ele continuou arrumando a bagunça, convidando seu colega de quarto para ir à igreja e segurando as pontas para ele.

Não me lembro de uma luz brilhante ou de uma voz audível. Nunca viajei por uma estrada deserta até Damasco. Mas me lembro perfeitamente de Jesus me derrubando de meu pedestal e agitando a luz. Foram necessários quatro semestres, mas o exemplo de Steve e a mensagem de Jesus finalmente fizeram efeito.

Portanto, se este livro eleva o seu espírito, talvez você queira agradecer a Deus por meu Ananias, Steve Green. Pode fazer ainda mais. Você pode ouvir aquela voz em seu coração e tentar localizar no seu mapa uma rua chamada Direita.

FAÇA A VIDA VALER A PENA

Ao contrário do que possam ter lhe dito, Jesus não limita seu recrutamento aos corajosos. Os abatidos e cansados são os principais candidatos em sua agenda, e ele é conhecido por entrar em barcos, bares e bordéis para lhes dizer: "Não é tarde demais para recomeçar".

O SALVADOR MORA AO LADO

Nada pesa mais do que um fardo de fracassos.

Se pudesse recomeçar, você faria tudo diferente. Seria uma pessoa diferente. Seria mais paciente. Controlaria sua língua. Terminaria aquilo que começou. Daria a outra face em vez de bater na dele. Casaria primeiro. Não casaria de jeito nenhum. Seria honesto. Resistiria à tentação. Andaria com uma turma diferente.

Mas isso é impossível. E assim como diz a si mesmo "o que está feito, está feito", o que você fez não pode ser desfeito.

Isso é parte do que Paulo quis dizer quando falou que "o salário do pecado é a morte" (Rm 6.23). Ele não disse "o salário do pecado é o mau humor". Nem "o salário do pecado é um dia difícil". Também não disse que "o salário do pecado é a depressão". Leia de novo. "O salário do pecado é a morte". O pecado é fatal.

É *possível* fazer alguma coisa em relação a isso?

Seu terapeuta lhe diz que você deve falar sobre isso. Portanto, é o que você faz. Você leva aquele fardo para o consultório, derrama as pedras sobre o chão e analisa cada uma. E isso ajuda. Falar é bom, e ele é agradável. Mas quando termina a sua hora, você ainda tem de levar o fardo.

Seus amigos lhe dizem para você não se sentir mal. "Todo mundo erra um pouco neste mundo", dizem eles. "Não é muito confortante", diz você.

Reuniões motivacionais promovem a ideia de que você deve ignorar aquilo e ser feliz! O que de fato funciona — até você tirar o vapor do espelho e se olhar honestamente. Então você o vê; ele continua ali.

Os legalistas lhe dizem para trabalhar a fim de se livrar do peso. Uma vela para cada pedra. Uma oração para cada pedregulho. Parece lógico, mas e se o tempo acabar? Ou se não contar corretamente? Você entra em pânico.

O que você *faz* com as pedras dos tropeções da vida?

Quando Jenna, minha filha mais velha, tinha 4 anos, ela veio até mim com uma confissão.

— Papai, peguei o lápis e desenhei na parede. (As crianças me surpreendem com sua honestidade.)

Sentei-me, coloquei-a no colo e tentei ser sábio.

— Você acha que é certo fazer isso? — perguntei a ela.

— Não.

— O que papai faz quando você escreve na parede?

— Você me bate.

— O que você acha que papai deveria fazer desta vez?

— Amar.

Não é isso o que todos nós queremos? Não desejamos um pai que nos ame de qualquer maneira, ainda que nossos erros estejam escritos por toda a parede? Não queremos um pai que se importe conosco a despeito de todos os nossos erros?

> Não desejamos um pai que nos ame de qualquer maneira, ainda que nossos erros estejam escritos por toda a parede?

Nós *de fato* temos esse tipo de pai. Um pai que está no seu melhor quando nós estamos no nosso pior. Um pai cuja graça é mais forte quando nossa devoção é mais fraca. Se o seu fardo é grande e pesado, então você está pronto a receber notícias animadoras: seus erros não são fatais.

SEIS HORAS DE UMA SEXTA-FEIRA

Pedro nunca mais voltou a pescar. Passou o restante de seus dias dizendo a qualquer um que lhe desse ouvidos: "Não é tarde demais para tentar de novo".

É tarde demais para você? Antes que você diga sim, antes de recolher as redes e voltar para casa, duas perguntas. Você já entregou seu barco a Cristo? Sua dor de cabeça? Seu dilema sem saída? Sua luta? Você realmente o entregou a ele? E você já foi até o fundo? Já desprezou as soluções da superfície, aquelas que você pode ver, em busca das provisões das profundezas, aquelas que Deus pode dar? Tente o outro lado do barco. Vá mais fundo do que já foi. Você talvez encontre o que Pedro encontrou. O resultado da segunda tentativa dele não foi o peixe que pescou, mas o Deus que ele viu.

O Deus-homem que identifica pescadores cansados, que se importa o suficiente para entrar no barco deles, que dá as costas à adoração de uma multidão para resolver a frustração de um amigo. O Salvador que está ao lado sussurra estas palavras aos donos de redes vazias: "Vamos tentar outra vez; desta vez, comigo a bordo".

O SALVADOR MORA AO LADO

Desde que Eva costurou as folhas de figueira para vestir Adão, temos dissimulado nossas verdades.

E temos melhorado a cada geração.

A criatividade de Michelangelo não é nada em comparação ao uso que um careca faz de alguns poucos fios de cabelo. Houdini, o grande ilusionista, ficaria maravilhado diante de nossa capacidade de apertar a barriga de lenhador dentro de calças de bailarina.

Somos mestres das máscaras. Dirigem-se carros para aparecer. Compram-se roupas para formar uma imagem. Adquirem-se sotaques para esconder uma herança. Abandonam-se nomes. Erguem-se pesos. Inventam-se mentiras. Compram-se brinquedos. Falsificam-se realizações.

E ignora-se a dor. Com o tempo, esquece-se do verdadeiro eu.

Os índios costumavam dizer que dentro de cada coração existe uma faca, que gira como o ponteiro dos minutos de um relógio. Cada vez que o coração mente, a faca anda um tanto. Enquanto anda, ela corta o coração. Enquanto anda, ela entalha um círculo. Quanto mais ela anda, mais amplo se torna o círculo. Depois de a faca completar uma circunferência, um caminho foi entalhado. O resultado? Fim das feridas, fim do coração.

Uma opção que o rapaz no chiqueiro tinha era caminhar de volta à festa dos mascarados e fingir que tudo estava bem. Ele poderia ter entalhado sua integridade até a dor desaparecer. Ele poderia ter feito o que milhões fazem. Poderia ter passado a vida inteira no chiqueiro fingindo que estava num palácio. Mas ele não fez isso.

Alguma coisa lhe disse que aquele era o momento da — e para a — verdade.

Ele olhou para a água. A face que viu não era bonita — enlameada e altiva. Desviou o olhar. "Não pense nisso. Você não é pior que ninguém. As coisas vão melhorar amanhã."

As mentiras esperavam encontrar um ouvido receptivo como sempre. "Não desta vez", murmurou. E olhou para o seu reflexo.

"Como pude cair tanto?" Suas primeiras palavras de verdade.

Olhou para os próprios olhos. Pensou em seu pai. "As pessoas sempre disseram que eu tinha os seus olhos, pai." Ele podia ver o olhar de dor no rosto de seu pai quando lhe disse que estava partindo.

"Como devo ter machucado você."

Uma rachadura cortou o coração do rapaz.

Uma lágrima pingou na água. Outra logo se seguiu. Depois outra. Então, a represa se rompeu. Ele enterrou a face nas mãos sujas enquanto as lágrimas faziam o que sabem fazer tão bem: elas lhe lavaram a alma.

Sua face ainda estava molhada quando se sentou perto do poço. Pela primeira vez em muito tempo ele pensou em sua casa. As lembranças o aqueceram. Lembranças de risos à mesa de jantar. Lembranças de uma cama quente. Lembranças das noites na varanda com o pai enquanto ouviam o som hipnótico dos grilos.

"Pai." Ele disse a palavra em voz alta enquanto olhava para si mesmo. "Diziam que eu era parecido com você. Agora, você nem sequer me reconheceria. Cara, eu estraguei tudo, não foi?"

Ele se levantou e começou a andar.

O caminho para casa era mais longo do que ele se lembrava. Da última vez que passara por ali, chamou a atenção por causa do estilo dele. Se chamasse a atenção desta vez, seria por causa do seu mau cheiro. Roupas rasgadas, cabelos emaranhados e pés sujos. Mas isso não o incomodava, pois, pela primeira vez no calendário de angústias, ele tinha uma consciência limpa.

Ele estava voltando para casa. Estava voltando para casa como um homem transformado. Sem exigir que recebesse aquilo que merecia, mas disposto a aceitar o que pudesse conseguir. "Dê-me" fora substituído por "ajude-me", e o desacato fora substituído pelo arrependimento.

Ele chegou pedindo tudo sem nada para dar em troca. Ele não tinha dinheiro. Não tinha desculpas.

E não tinha ideia de quanto seu pai sentira falta dele.

Ele não tinha dinheiro. Não tinha desculpas. E não tinha ideia de quanto seu pai sentira falta dele.

Não tinha ideia do número de vezes que seu pai havia interrompido as tarefas para olhar pelo portão da frente, na esperança de ver seu filho. O rapaz não tinha ideia do número de vezes que o pai despertou de um sono agitado, foi até o quarto do filho e se sentou na cama dele. E o filho jamais teria acreditado na quantidade de horas que o pai ficou sentado na varanda ao lado da cadeira de balanço vazia, olhando, desejando ver a figura familiar, aquele jeito de andar, aquele rosto.

Enquanto se aproximava da curva que levava à sua casa, o rapaz começou a ensaiar seu discurso mais uma vez.

"Pai, pequei contra os céus e contra o senhor."

Ele se aproximou do portão e colocou a mão sobre a tranca. Começou a erguê-la e, então, parou. De repente, seu plano de ir para casa pareceu tolo. "Para quê?", pegou-se perguntando a si mesmo. "Que chance eu tenho?" Abaixou a cabeça, deu meia-volta e começou a se afastar.

Então ele ouviu os passos. Ouviu o barulho das sandálias. Alguém estava correndo. Não se virou para olhar. "Provavelmente é um servo vindo para me espantar ou meu irmão mais velho querendo saber o que estou fazendo outra vez em casa." Ele começou a partir.

Mas a voz que ele ouviu não era a de um servo ou a de seu irmão; era a voz de seu pai.

— Filho!

— Pai?

Ele se virou para abrir o portão, mas o pai se antecipara. O filho olhou para o pai em pé na entrada. Lágrimas resplandeceram em seu rosto enquanto braços se abriam convidando o filho para voltar para casa.

— Pai, eu pequei — disse. As palavras foram abafadas enquanto o rapaz afundava a cabeça no ombro do pai.

Os dois choraram. Por uma eternidade os dois ficaram junto ao portão entrelaçados como se fossem um só. Palavras eram desnecessárias. O arrependimento fora demonstrado; o perdão fora concedido.

O rapaz estava em casa.

SEIS HORAS DE UMA SEXTA-FEIRA

Não se esqueça do clássico estudo de caso sobre o valor de uma pessoa, apresentado por Lucas. Ele é chamado de "A história do malfeitor crucificado".

Se havia alguém imprestável, era aquele homem. Se alguém já mereceu morrer, sem dúvida ele merecia. Se algum camarada já foi perdedor, este estava no topo da lista.

Talvez seja por isso que Jesus o escolheu para nos mostrar o que pensa da raça humana.

É possível que esse criminoso tenha ouvido o Messias falar. Talvez o tenha visto amar os mais simples. Talvez o tenha visto jantar com arruaceiros, ladrões e drogados das ruas. Ou talvez não. É possível que a única coisa que ele soubesse sobre este Messias fosse aquilo que agora via: um pregador espancado, chicoteado e suspenso na cruz por cravos. A face vermelha de sangue, os ossos aparecendo por entre a carne dilacerada, os pulmões tentando encontrar o ar.

Alguma coisa, porém, lhe dizia que ele jamais estivera em melhor companhia. E de alguma forma, ele percebeu que, embora tivesse apenas uma oração, finalmente encontrara aquele a quem deveria orar.

— Alguma chance de eu conseguir uma vaga? (Tradução bem livre.)

— Com certeza.

Ora, por que Jesus fez isso? O que ele tinha a ganhar ao prometer àquele bandido um lugar de honra à mesa do banquete? O que aquele ardiloso traidor poderia oferecer em troca? O que quero dizer é que posso entender o caso da mulher samaritana. Ela podia voltar e contar a história. Zaqueu tinha algum dinheiro que poderia distribuir. Mas, e este cara? O que ele vai fazer? Nada!

> Todos nós – até os mais puros
> dentre nós – merecemos o céu tanto
> quanto aquele vigarista.

Sorrio porque sei que não mereço um amor assim. Nenhum de nós merece. A grande verdade é que qualquer contribuição que qualquer um de nós possa fazer é bem insignificante. Todos nós — até os mais puros dentre nós — merecemos o céu tanto quanto aquele vigarista. Todos nós estamos assinando o cartão de crédito de Jesus, não o nosso.

E também sorrio ao pensar que existe um ex-condenado risonho a andar pelas ruas de ouro que sabe mais sobre a graça do que mil teólogos. Ninguém mais teria orado por ele. Mas, no final, isso foi tudo o que ele teve. E, no final, foi tudo o que ele aceitou.

Não é à toa que seu nome é Salvador.

SEU NOME É SALVADOR

Em algum lugar, em algum momento, de alguma forma, você se enroscou na sujeira e passou a evitar Deus. Você permitiu que um véu de culpa se colocasse entre você e seu pai. Chegou a pensar se, algum dia, poderia se sentir próximo de Deus outra vez. A mensagem da carne dilacerada é *você pode*. Deus lhe dá as boas-vindas. Deus não o está evitando. Deus não está resistindo a você. A cortina foi retirada, a porta está aberta e Deus o convida a entrar.

Não confie em sua consciência. Confie na cruz. O sangue foi derramado e o véu foi rasgado. Você é bem-vindo na presença de Deus.

ELE ESCOLHEU OS CRAVOS

Foi como encontrar o prêmio na caixa de cereal, como enxergar uma pérola numa caixa de botões ou dar de cara com uma nota de dez numa gaveta cheia de envelopes.

Era tão pequena que podia ser desprezada. Apenas três palavras. Sei que já li a passagem centenas de vezes. Mas nunca prestei atenção nela. Talvez tenha passado por cima no entusiasmo da ressurreição. Ou, uma vez que o relato da ressurreição feito por Marcos é, de longe, o mais breve dos quatro, talvez eu simplesmente não tenha prestado muita atenção. Ou, talvez pelo fato de estar no último capítulo do evangelho, meus olhos cansados tenham sempre lido rápido demais para notar essa pequena frase.

Mas não vou perdê-la de novo. Ela está destacada em amarelo e sublinhada em vermelho. Talvez você queira fazer o mesmo. Abra em Marcos 16. Leia os primeiros cinco versículos, que falam sobre a surpresa das mulheres quando elas encontram a pedra removida para o lado. Depois, celebre a linda frase dita pelo anjo: "Ele ressuscitou! Não está aqui" (v. 6), mas não pare muito tempo. Vá um pouco adiante. Prepare o lápis e desfrute desta joia no versículo 7 (aí vem ela). O versículo diz o seguinte: "Vão e digam aos discípulos dele e a Pedro: Ele está indo adiante de vocês para a Galileia".

Percebeu? Leia de novo. (Desta vez, colocarei itálico nas palavras.)

"Vão e digam aos discípulos dele *e a Pedro*: Ele está indo adiante de vocês para a Galileia".

Agora me diga se isso não é um tesouro escondido.

> "Ele ressuscitou! Não está aqui. {...} Vão e digam aos discípulos dele e a Pedro: Ele está indo adiante de vocês para a Galileia."
>
> Marcos 16.6-7

Se eu pudesse parafrasear as palavras, diria: "Não fiquem aqui, vão dizer aos discípulos", faria uma pausa, depois daria um sorriso e continuaria, "e, em especial, digam a Pedro que ele vai antes de vocês para a Galileia".

Que frase. É como se todo o céu tivesse assistido à queda de Pedro e como se todo o céu quisesse ajudá-lo a se levantar de novo. "Não deixem de dizer a Pedro que ele não foi deixado de fora. Digam-lhe que um erro não significa o fim."

Uau!

Não é por acaso que este é chamado de o evangelho da segunda chance.

Não existem muitas novas chances no mundo de hoje. Pergunte ao menino que não entrou no time infantil, ao cara que recebeu a carta de demissão ou à mãe de três filhos que foi trocada por "uma coisinha linda" bem mais jovem.

Não há muitas segundas chances. Hoje em dia, a coisa está mais para "é agora ou nunca". "Não toleramos incompetência por aqui." "Tem de ser duro para aguentar." "Não há muito espaço no topo." "Três tentativas e você está fora." "Este é um mundo em que cobra engole cobra!"

Jesus tinha uma resposta simples para nossa mania masoquista. "É um mundo em que cobra engole cobra?", diria ele. "Então não viva com as cobras." Isso faz sentido, não é? Por que deixar que um bando de outros fracassados diga quão fracassado você é?

Você certamente tem uma nova chance.

> Não é por acaso que este é chamado de o evangelho da segunda chance.

Simplesmente pergunte a Pedro. Num minuto, ele se sentia mais por baixo que barriga de cobra e, no minuto seguinte, era o cara mais importante do pedaço! Até mesmo os anjos queriam que aquele falador maluco soubesse que não era o fim. A mensagem veio em alto e bom som da sala do trono celestial através de um emissário divino: "Vão e digam a Pedro que ele precisa pegar na bola de novo".

Os entendidos no assunto dizem que o evangelho de Marcos é de fato um conjunto de notas transcritas e pensamentos ditados de Pedro. Se isso for verdade, então foi o próprio Pedro que incluiu essas três palavras! E se forem realmente palavras dele, não posso deixar de imaginar que o velho pescador precisou enxugar uma lágrima e sentiu um nó na garganta quando chegou a esse ponto da história.

Não é todo dia que você tem outra chance. Pedro devia saber disso. Na vez seguinte em que viu Jesus, ficou tão animado que mal colocou as calças quando pulou na água fria do Mar da Galileia. Também foi suficiente, diz-se, para fazer que esse galileu do mato levasse o evangelho da segunda chance por todo o caminho até Roma, onde o mataram. Se você nunca imaginou o que poderia levar um homem a querer ser crucificado de cabeça para baixo, talvez agora você entenda.

Não é todo dia que você encontra alguém que lhe dá uma segunda chance — ainda mais alguém que lhe dá uma segunda chance todos os dias.

Em Jesus, porém, Pedro encontrou ambos.

Seu nome é Salvador

Eu estava agradecendo ao Pai por sua misericórdia. Comecei fazendo uma lista dos pecados que ele perdoou. Um a um, agradeci a Deus por perdoar meus tropeços e tombos. Minha motivação era pura e meu coração estava grato, mas minha compreensão de Deus estava errada. Quando usei a palavra *lembrar* é que pude entender.

"Lembra da vez em que eu..." Estava prestes a agradecer a Deus por outro ato de misericórdia. Mas parei. Alguma coisa estava errada. A palavra *lembrar* parecia fora de lugar. Era uma nota fora do tom em uma sonata, uma palavra mal colocada num poema. Era um jogo de beisebol na neve. Não se encaixava. "Ele se lembra?"

Então *eu* me lembrei. Lembrei-me de suas palavras. "E não me lembrarei mais dos seus pecados" (Hb 8.12).

Uau! *Essa* é uma promessa notável.

Deus não apenas perdoa, como também esquece. Ele apaga a lousa. Ele destrói as provas. Ele queima o microfilme. Ele formata o computador.

Ele não se lembra dos meus erros. De todas as coisas que ele faz, esta é uma que ele se recusa a fazer. Ele se recusa a manter uma lista dos meus erros. Quando peço perdão ele não puxa uma caderneta e diz: "Mas eu já o perdoei por isso 516 vezes".

Ele não se lembra.

"E como o Oriente está longe do Ocidente, assim ele afasta para longe de nós as nossas transgressões" (Sl 103.12).

"Mesmo que estejam vermelhos como sangue, os seus pecados ficarão brancos como a neve" (Is 1.18).

> Deus não apenas perdoa, como também esquece. Ele apaga a lousa. Ele destrói as provas. Ele queima o microfilme.

Não, ele não se lembra. Mas eu me lembro, e você também. Você ainda se lembra. Você é como eu. Você ainda se lembra do que fazia antes de mudar. No porão do seu coração espreitam os fantasmas dos pecados de ontem. Pecados que você confessou;

erros dos quais você se arrependeu; danos que você tentou reparar da melhor maneira possível.

E embora você seja uma pessoa diferente, os fantasmas ainda permanecem. Embora você tenha trancado a porta do porão, eles ainda o assombram. Eles flutuam atrás de você, amedrontando sua alma e roubando sua alegria. Com sussurros sutis, eles o lembram dos momentos em que você se esqueceu de quem era seu pai.

Aquela mentira terrível.

Aquela viagem de trabalho que você fez para longe de casa, que levou você para muito longe de casa.

O dia em que você explodiu de raiva.

Aqueles anos que você passou nas mãos de Satanás.

O dia em que você era necessário, mas não correspondeu.

Aquele encontro.

Aquele ciúme.

Aquele hábito.

Assombrações das ciladas de ontem. Espectros malignos que astutamente sugerem: "Você foi perdoado mesmo? Tudo bem, Deus esquece a maioria dos nossos erros, mas você acha que ele poderia realmente se esquecer daquela vez em que você...".

Como resultado, sua caminhada espiritual é levemente manca. Oh, você ainda é fiel. Ainda faz todas as coisas certas e diz todas as palavras corretas. Mas assim que começa a fazer progressos, quando suas asas começam a se esticar e você se prepara para alçar voo como uma águia, o fantasma aparece. Ele surge dos pântanos de sua alma e faz que você se questione.

"Você não pode lecionar naquela classe da escola dominical com o seu passado."

"Você, um missionário?"

"Como você ousa pedir a ele que venha à igreja? E se ele descobrir sobre o tempo em que você caiu?"

"Quem é *você* para oferecer ajuda?"

O fantasma cospe palavras petulantes de acusação, ensurdecendo seus ouvidos para as promessas da cruz. E esfrega seus erros bem na sua cara, bloqueia sua visão do Filho e o deixa com a sombra de uma dúvida.

Agora, vamos falar honestamente. Você acha que Deus enviou esse fantasma? Você acredita que Deus é a voz que o lembra da podridão do seu passado? Você acha que Deus estava brincando quando disse "Não me lembrarei mais dos seus pecados"? Estava ele exagerando quando disse que afastaria para longe de nós as nossas transgressões como o Oriente está longe do Ocidente? Você realmente acredita que ele faria uma declaração como "Não me lembrarei mais dos seus pecados" e, então, esfregaria nosso nariz neles sempre que pedíssemos ajuda?

É claro que você não acredita nisso. Eu e você precisamos apenas de um lembrete ocasional da natureza de Deus, de sua natureza esquecidiça.

Amar condicionalmente é algo que vai contra a natureza de Deus. Assim como é contra a sua natureza comer árvores e contra a minha ter asas, é contra a natureza dele lembrar-se de pecados perdoados.

Sabe, ou Deus é o Deus da graça perfeita ou ele não é Deus. A graça esquece. Ponto final. Aquele que é perfeito amor não pode guardar ressentimentos. Se o fizer, não é perfeito amor. E se não for perfeito amor, você pode colocar este livro de lado e ir pescar, porque nós dois estamos indo atrás de um conto de fadas.

Ou Deus é o Deus da graça perfeita ou ele não é Deus.

Mas eu creio no esquecimento amoroso de Deus. E creio que ele tem uma memória graciosamente péssima.

Pense nisto. Se ele não se esqueceu, como poderíamos orar? Como poderíamos cantar a ele? Como ousaríamos entrar em sua presença se, no momento em que nos visse, ele se lembrasse de nosso passado deplorável? Como poderíamos entrar na sala do trono usando trapos de nosso egoísmo e glutonaria? Não poderíamos.

E não podemos. Leia esta poderosa passagem da carta de Paulo aos gálatas e monitore sua pulsação. Prepare-se para uma palpitação. "Pois os que em Cristo foram batizados, de Cristo *se revestiram*" (Gl 3.27).

Você leu certo. Nós "vestimos" Cristo. Quando Deus olha para nós, ele não nos vê; ele vê Cristo. Nós "usamos" Cristo. Estamos ocultos nele; estamos cobertos por ele.

Presunçoso, não acha? Um sacrilégio? Seria, se tudo isso fosse ideia minha. Mas não é; é ideia dele. Somos presunçosos não quando nos maravilhamos diante de sua graça, mas quando a rejeitamos. E cometemos sacrilégio não quando clamamos por seu perdão, mas quando permitimos que os pecados assombrados de ontem nos convençam de que Deus perdoa mas não esquece.

Faça um favor a si mesmo. Limpe o seu porão. Exorcize seu sótão. Pegue os cravos romanos do Calvário e pregue a porta com eles.

E lembre-se: ele esquece.

DEUS CHEGOU MAIS PERTO

Refrigério espiritual

RIOS DE ÁGUA VIVA

Está calmo. É cedo. O café está quente. O céu ainda está escuro. O mundo ainda dorme. O dia vem vindo.

Em poucos instantes, o dia chegará. Ele vai se expandir em sons com o nascer do sol. A tranquilidade do amanhecer será trocada pelo barulho do dia; a calma da solitude será substituída pelo ritmo ruidoso da raça humana. O refúgio da madrugada será invadido por decisões a serem tomadas e prazos a serem cumpridos.

Pelas próximas doze horas serei exposto às exigências do dia. É agora que devo fazer uma escolha. Por causa do Calvário, sou livre para escolher. E eu escolho.

Eu escolho o amor...

Nenhuma situação justifica o ódio; nenhuma injustiça autoriza a amargura. Eu escolho o amor. Hoje amarei a Deus e o que Deus ama.

Eu escolho a alegria...

Convidarei meu Deus para ser o Deus das circunstâncias, resistirei à tentação de ser cínico, a ferramenta do pensador preguiçoso. Recuso-me a ver as pessoas como algo menos que seres humanos, criados por Deus. Nego-me a ver qualquer problema como algo menor que uma oportunidade para ver Deus.

Eu escolho a paz...

Viverei perdoado. Perdoarei para que possa viver.

Eu escolho a paciência...

Desprezarei as inconveniências do mundo. Em vez de amaldiçoar aquele que toma o meu lugar, vou convidá-lo a fazer exatamente isso. Em vez de reclamar que a espera é muito longa, agradecerei a Deus por um momento para orar. Em vez de cerrar o punho diante de novas tarefas, vou enfrentá-las com alegria e coragem.

> Eu escolho o amor. Hoje amarei a Deus e o que Deus ama.

Eu escolho a amabilidade...

Serei amável com o pobre, pois ele está sozinho. Amável com o rico, pois ele tem medo. E amável com o maldoso, pois foi assim que Deus me tratou.

Eu escolho a bondade...

Prefiro seguir com o bolso vazio a aceitar uma moeda desonesta. Prefiro ser desprezado a me vangloriar. Confessarei antes de acusar. Eu escolho a bondade.

Eu escolho a fidelidade...

Hoje cumprirei o que prometi. Meus credores não se arrependerão de sua confiança. Meus colegas não questionarão minha palavra. Minha esposa não duvidará do meu amor. E minhas filhas nunca terão medo de que seu pai não volte para casa.

Eu escolho a mansidão...

Nada é conquistado pela força. Escolho ser gentil. Se levantar minha voz, que seja somente em louvor. Se cerrar as mãos, que seja apenas em oração. Se eu fizer uma exigência, que seja apenas sobre mim mesmo.

Eu escolho o domínio próprio...

Sou um ser espiritual. Depois que este corpo morrer, meu espírito voará. Recuso-me a deixar o que vai apodrecer controlar o que é eterno. Escolho o domínio próprio. Somente me embriagarei de alegria. Serei fervoroso apenas em relação à minha fé. Serei influenciado apenas por Deus. Serei ensinado apenas por Cristo. Eu escolho o domínio próprio.

Amor, alegria, paz, paciência, amabilidade, bondade, fidelidade, mansidão e domínio próprio[4]. A essas coisas dedico o meu dia. Se eu for bem-sucedido, darei graças. Se falhar, buscarei a graça de Deus. Então, quando este dia tiver acabado, colocarei minha cabeça no travesseiro e descansarei.

QUANDO DEUS SUSSURRA O SEU NOME

Instantes eternos. Você já os teve. Todos nós tivemos.

Dividir com o neto o balanço da varanda numa noite de verão.

Contemplar o rosto da amada sob a luz de uma vela.

Dar o braço ao marido durante o passeio pelo parque repleto de folhas douradas e respirar o ar fresco do outono.

Ouvir o filho de 6 anos agradecer a Deus por tudo, do peixinho dourado à vovó.

Tais momentos são necessários porque nos lembram que tudo está bem. O Rei ainda está no trono e a vida ainda vale a pena. Instantes eternos nos lembram que o amor continua sendo o maior bem que possuímos e que não há por que temer o futuro.

Da próxima vez que um instante da sua vida começar a ser eterno, siga em frente. Coloque a cabeça no travesseiro e desfrute. Resista ao desejo de encurtá-lo. Não interrompa o silêncio nem quebre a solenidade. De uma maneira bem especial, você está em solo sagrado.

DEUS CHEGOU MAIS PERTO

Você ainda consegue se lembrar? Ainda está apaixonado por ele? Lembre-se, implorou Paulo, lembre-se de Jesus. Antes de se lembrar de qualquer coisa, lembre-se dele. Se você se esquecer de alguma coisa, não se esqueça dele.

Ah, mas como esquecemos rápido. Tantas coisas acontecem com o passar dos anos. Tantas mudanças internas. Tantas alterações externas. E, em algum lugar, lá atrás, nós o deixamos. Não fugimos dele — simplesmente não o levamos conosco. Obrigações chegam. Promoções chegam. Orçamentos são elaborados. Crianças nascem, e o Cristo... o Cristo é esquecido.

Já faz algum tempo desde que você olhou para os céus em muda admiração? Já faz algum tempo desde que você percebeu a divindade de Deus e a sua carnalidade?

Se já faz, então você precisa saber de uma coisa. Ele ainda está lá. Ele não partiu. Debaixo de todos aqueles papéis, livros, relatórios e anos. No meio de todas aquelas vozes, rostos, lembranças e imagens, ele ainda está lá.

Faça um favor a si mesmo. Coloque-se diante dele mais uma vez. Ou, melhor ainda, permita que ele se coloque diante de você. Vá até o cenáculo e espere. Espere até que ele chegue. E quando ele aparecer, não saia. Corra os dedos sobre os pés dele. Coloque sua mão no lado perfurado. E olhe nos olhos dele. Os mesmos olhos que derreteram os portões do inferno, que afugentaram os demônios e que colocaram Satanás para correr. Olhe para eles enquanto eles olham para você. Você nunca será o mesmo.

Um homem nunca é o mesmo depois de ver simultaneamente seu total desespero e a inflexível graça de Cristo. Ver o desespero sem a graça é suicídio. Ver a graça sem o desespero é futilidade. Mas ver os dois é conversão.

> Um homem nunca é o mesmo depois
> de ver simultaneamente seu total desespero
> e a inflexível graça de Cristo.

SEIS HORAS DE UMA SEXTA-FEIRA

Aconteceu uma coisa algum tempo atrás que poderia ser colocada na pasta com a etiqueta "Incrível".

Eu estava jogando basquete na igreja numa manhã de sábado. (Vários homens aparecem lá para jogar toda semana.) Alguns têm a barriga chapada, na casa dos 20 anos, e conseguem tocar no dedo dos pés quando se alongam e bater no aro da tabela quando pulam. O restante de nós tem a barriga redonda — rapazes que já estão começando a ver a ladeira, se é que já não a estão descendo. Tocar os dedos dos pés não é mais uma opção. Olhar para baixo e ver os dedos dos pés é o desafio atual. Nunca tocamos o aro quando pulamos e raramente o acertamos quando arremessamos.

Mas os barrigas-chapadas não se importam que os barrigas–redondas joguem. (Eles não têm escolha. Nós temos a chave do prédio.)

Seja como for, num desses sábados, estávamos no meio de um jogo quando pulei para pegar um rebote. Acho que fui bastante lento pois, quando eu estava subindo para pegar a bola, alguém já estava descendo com ela. E a única coisa que consegui com o pulo foi um dedo no olho.

Quando abri o olho, tudo estava embaçado. Sabia que minha lente de contato não estava onde deveria. Achei que a havia sentido no canto do olho, de modo que sinalizei que iria sair do jogo e corri para o vestiário. Mas depois de olhar no espelho, percebi que ela deveria ter caído no chão em algum lugar.

Corri de volta para a quadra. Os rapazes estavam no canto oposto da quadra, saindo da tabela debaixo da qual eu havia perdido minha lente.

Apressei-me, ajoelhei e comecei a procurar. Sem sorte. Quando os caras começaram a conduzir a bola de volta pela quadra, viram o que eu estava fazendo e vieram ajudar. Todos os dez estavam ajoelhados, engatinhando como bebês e suando como cavalos de corrida.

Mas ninguém conseguiu encontrar a pobre lente.

Estávamos prestes a desistir quando um dos rapazes exclamou: "Está aqui". Olhei para ele. Ele estava apontando para o ombro de um dos jogadores. O mesmo cujo dedo fora explorar a minha córnea.

Ali, no ombro dele, estava a minha lente. Ela caiu nele, grudou na pele, permaneceu nas costas dele por toda a quadra enquanto ele pulava e driblava, e continuou ali até que ele voltou.

Incrível.

O fato se torna ainda mais notável quando você considera que a lente de contato fez essa viagem de ida e volta nas costas de um barriga-chapada. Um dos caras que conseguem tocar o aro e os dedos do pé. Se tivesse caído no ombro de um dos barrigas-redondas, ninguém ficaria impressionado. Alguns de nós têm a mobilidade de um boi no pasto. Mas quando você pensa no passeio que a pequena peça flexível fez, quando pensa na probabilidade de ela ser encontrada, você tem apenas um lugar para colocar este evento: na pasta com a etiqueta "Incrível".

Quanto mais eu pensava naquele episódio, mais incrível ele se tornava.

Quanto mais incrível se tornava, mais eu aprendia sobre coisas incríveis.

Aprendi que coisas incríveis normalmente acontecem em situações corriqueiras, isto é, jogos de basquete em manhãs de sábado.

Também notei que há mais coisas incríveis acontecendo do que aquelas que eu normalmente enxergo. De fato, quando comecei a olhar em volta, descobri mais e mais coisas que eu teria rotulado como "Esperado" que merecem ser rotuladas como "Bem, o que você sabe".

Quer exemplos?

Meu dinheiro está no banco juntamente com o dinheiro de pelo menos vários milhares de outras pessoas. Quem sabe quantas transações são feitas por dia? Quem sabe quanto dinheiro entra naquele lugar e quanto é sacado? De alguma maneira, porém, se eu quiser algum dinheiro ou se apenas quiser saber quanto dinheiro tenho, o caixa do banco pode me dar exatamente o que quero.

Incrível.

A cada manhã, subo num veículo que pesa uma tonelada e o dirijo pela rodovia interestadual, na qual eu e milhares de outros motoristas transformamos o seu veículo em mísseis que correm a 100 quilômetros por hora. Embora já tenha passado por alguns sustos e contratempos, eu ainda assobio enquanto dirijo numa velocidade que faria meu bisavô desmaiar.

Incrível.

Todo dia tenho a honra de me sentar com um livro que contém as palavras daquele que me criou. Todo dia tenho a oportunidade de permitir que ele me dê uma ideia ou duas sobre como viver.

Todo dia tenho a honra de me sentar com um livro que contém as palavras daquele que me criou.{...} Incrível.

Se eu não fizer o que ele diz, ele não queima o livro nem cancela minha assinatura. Se eu discordar daquilo que ele diz, um raio não destrói minha cadeira giratória nem um anjo arranca meu nome de uma lista santa. Se eu não entender o que ele diz, ele não me chama de idiota.

De fato, ele me chama de "Filho" e, numa página diferente, explica o que eu não entendo.

Incrível.

No final do dia, quando chego em casa, entro no quarto de três menininhas. A coberta delas normalmente foi chutada, de modo que as cubro. O cabelo delas normalmente lhes esconde o rosto, de modo que o ajeito para trás. E uma a uma, inclino-me para beijar a testa dos anjos que Deus me emprestou. Então, fico parado na porta e pondero sobre a razão de ele ter confiado a um camarada desajeitado e atrapalhado como eu a tarefa de amar e lidar com tais tesouros.

Incrível.

Então saio dali e subo na cama com uma mulher muito mais sábia que eu, uma mulher que merece um homem muito mais bonito que eu, mas uma mulher que discordaria disso e que me diria, do fundo de seu coração, que eu sou a melhor coisa que lhe aconteceu na vida.

Depois de pensar na esposa que tenho, e quando penso que estarei com ela para toda a vida, balanço a cabeça e agradeço ao Deus da graça por sua graça e penso: "Incrível".

De manhã, farei tudo isso de novo. Dirigirei pela mesma estrada. Irei ao mesmo escritório. Ligarei para o mesmo banco. Beijarei as mesmas meninas. E me deitarei na cama com a mesma mulher. Mas estou aprendendo a não considerar que esses milagres do dia a dia sejam triviais.

Pense nisto: tudo surgiu por conta de um jogo de basquete. Desde que encontrei aquela lente de contato, tenho visto as coisas com muito mais clareza.

> Balanço a cabeça e agradeço ao Deus da graça por sua graça e penso: "Incrível".

Estou descobrindo muitas coisas: congestionamentos terminam, o pôr do sol é gratuito, esportes infantis são uma obra de arte e a maioria dos aviões decola e aterrissa na hora. Estou aprendendo que, em sua maioria, as pessoas são boas pessoas e são tão tímidas quanto eu para iniciar uma conversa.

Tenho encontrado pessoas que amam seu país, seu Deus e sua igreja, e que morreriam por qualquer um dos três.

Estou aprendendo que, se eu olhar, se eu abrir os olhos e observar, existem muitas razões para tirar meu chapéu, olhar para a fonte de tudo isso e simplesmente agradecer.

UM DIA NA VIDA DE JESUS

O Cristo das galáxias é o Cristo das suas segundas-feiras. O criador das estrelas gerencia sua escala de viagens. Relaxe. Você tem um amigo em posição elevada. O filho de um halterofilista olímpico se preocupa com tampas de vidro de azeitona emperradas? O filho de Phil Knight, o fundador da Nike, se preocupa com um cadarço de tênis arrebentado? Se a filha de Bill Gates não consegue ligar o computador, por acaso ela entra em pânico?

Não. E você também não deveria. O Comandante em Chefe do universo sabe o seu nome. Ele já trilhou os seus caminhos.

O SALVADOR MORA AO LADO

O capitão sábio muda a direção do navio de acordo com o sinal do farol. Uma pessoa sábia faz o mesmo.

Veja a seguir as luzes pelas quais procuro e os sinais aos quais obedeço:

- É preciso amar a Deus mais do que temer o inferno.
- Uma vez por semana deixe uma criança levar você para passear.
- Tome grandes decisões em um cemitério.
- Quando ninguém estiver olhando, viva como se alguém estivesse.
- Seja bem-sucedido primeiramente em casa.
- Não gaste hoje o dinheiro de amanhã.
- Ore duas vezes mais do que você se preocupa.
- Ouça duas vezes mais do que fala.
- Só guarde rancor quando Deus o fizer.
- Nunca abandone seu amor pelo pôr do sol.
- Trate as pessoas como anjos; você encontrará alguns e ajudará a fazer outros.
- É mais sábio errar para o lado da bondade do que para o lado judicioso.
- Deus perdoou você; é sábio que você faça o mesmo.
- Quando não conseguir perceber a mão de Deus, confie no coração dele.
- Toque a trombeta da autopromoção e as notas sairão desafinadas.
- Não se sinta culpado pela bondade de Deus.
- O livro da vida é vivido em capítulos; portanto, saiba em que página você está.
- Nunca deixe o importante ser vítima do trivial.
- Viva a sua liturgia.

Para resumir tudo:

Encare a vida como uma viagem numa escuna. Desfrute a vista. Explore a embarcação. Faça amizade com o capitão. Pesque um pouco. Então, quando chegar em casa, saia.

UM DIA NA VIDA DE JESUS

Não é incrível pensar que Deus reservou um nome apenas para você? Um que você nem sequer conhece? Sempre presumimos que o nome que recebemos é o nome que manteremos. Não será assim. Imagine o que isso implica. Ao que parece, seu futuro é tão promissor que justifica um novo título. A estrada à frente é tão brilhante que um novo nome é necessário. Sua eternidade é tão especial que nenhum nome comum vai servir.

Portanto, Deus tem um reservado apenas para você. Há mais coisas na sua vida do que você já imaginou. Há mais coisas na sua história do que você já leu. Há mais coisas na sua música do que você já cantou. Um bom autor reserva o melhor para o final. Um grande compositor guarda o mais magnífico para o fim. E Deus, o autor da vida e o compositor da esperança, fez o mesmo para você.

O melhor ainda está por vir.
Assim, insisto com você: não desista.
Rogo a você: termine a jornada.
E o aconselho: esteja lá.
Esteja lá quando Deus sussurrar o seu nome.

QUANDO DEUS SUSSURRA O SEU NOME

A religião pacifica, mas nunca satisfaz. As atividades da igreja podem esconder uma sede, mas somente Cristo pode saciá-la. Beba *dele*.

E beba constantemente. Jesus emprega um verbo que sugere goles repetidos. Literalmente, "deixe que venha a mim e beba e continue bebendo". Uma garrafa não satisfará sua sede. Goles regulares satisfazem gargantas sedentas. Comunhão incessante satisfaz almas sedentas.

Com esse fim, dou-lhe esta ferramenta: uma oração para o coração sedento. Carregue-a assim como um ciclista carrega uma garrafa com água. A oração resume quatro fluidos essenciais para a hidratação da alma: a obra, a energia, o senhorio e o amor de Deus.

> Senhor, estou sedento. Venho para beber, para receber. Recebo a tua obra sobre a cruz e na ressurreição. Meus pecados são perdoados e minha morte está derrotada. Recebo a tua energia. Fortalecido pelo teu Espírito Santo, posso fazer todas as coisas por meio de Cristo, que me dá força. Recebo o teu senhorio. Pertenço a ti. Nada vem a mim que não tenha passado por ti. E recebo o teu *amor*. Nada pode me separar do teu amor.

Você não precisa de goles regulares do açude de Deus? Eu preciso. Já fiz essa oração em incontáveis situações: reuniões estressantes, dias morosos, percursos longos, viagens cansativas, decisões que testam o caráter. Muitas vezes por dia vou à fonte subterrânea de Deus e recebo novamente sua obra por meu pecado e morte, a energia de seu Espírito, seu senhorio e seu amor.

Beba comigo desse poço sem fundo. Você não precisa viver com um coração desidratado.

Receba a *obra* de Cristo sobre a cruz,
a *energia* de seu Espírito,
seu *senhorio* sobre sua vida,
seu *amor* infalível e infindável.

Beba profundamente e com frequência. E de você fluirão rios de água viva.

QUEM TEM SEDE VENHA

Num mundo endurecido por falhas humanas, existe uma terra repleta da misericórdia divina. Seu Pastor o convida para ir até lá. Ele quer que você se deite. Que se aninhe inteiramente até estar escondido, arraigado nos grandes ramos de seu amor, e ali você encontrará descanso.

ALIVIANDO A BAGAGEM

Valioso para Deus

DEUS É LOUCO POR VOCÊ

"[O Senhor] livrou-me porque me quer bem" (Sl 18.19).

E você achava que ele o havia salvado por causa de sua decência. Você achava que foi por causa das suas boas obras, boas atitudes ou boa aparência. Sinto muito. Se esse fosse o caso, sua salvação se perderia quando sua voz piorasse e suas obras enfraquecessem. Há muitas razões para que Deus o salve: trazer glória a si mesmo, satisfazer a justiça dele, demonstrar sua soberania. Mas uma das razões mais doces pelas quais Deus o salvou é que ele gosta de você. Ele gosta de ter você por perto. Ele acha que você é a melhor coisa que aconteceu nos últimos tempos. "Assim como o noivo se regozija por sua noiva, assim o seu Deus se regozija por você" (Is 62.5).

Se Deus tivesse uma geladeira, seu retrato estaria na porta. Se ele tivesse uma carteira, sua foto estaria nela. Ele lhe manda flores toda primavera e uma aurora a cada manhã. Sempre que você quiser conversar, ele vai ouvir. Ele pode viver em qualquer lugar do universo, e escolheu o seu coração. E o presente de Natal que ele lhe deu em Belém? Aceite, meu amigo. Ele é louco por você.

OUVINDO DEUS NA TORMENTA

Tenho pendurado no meu guarda-roupa um suéter que raramente uso. É pequeno demais. As mangas estão muito curtas, e os ombros, muito estreitos. Alguns botões já caíram e o fio está desgastado. Eu deveria jogar aquele suéter fora. Não tenho uso para ele. Nunca mais vou usá-lo. A lógica diz que eu deveria abrir espaço e me livrar daquele suéter.

Isso é o que a *lógica* diz.

Mas o *amor* não me deixa fazer isso.

Alguma coisa singular em relação àquele suéter me faz mantê-lo ali. O que há de incomum nele? Por um lado, ele não tem etiqueta. Em nenhum lugar da roupa há uma etiqueta com os dizeres "Made in Taiwan" ou "lavar com água fria". Não tem etiqueta porque não foi feito numa fábrica. Não tem etiqueta porque não foi produzido numa linha de montagem. Não foi feito por um empregado anônimo em troca de salário. É a criação de uma mãe dedicada expressando seu amor.

O suéter é singular. É único. Não pode ser substituído. Cada ponto foi escolhido com cuidado. Cada fio foi selecionado com afeto.

E apesar de ter perdido completamente sua utilidade, o suéter não perdeu nada de seu valor. É valioso não por causa de sua função, mas por causa de quem o fez.

Talvez o salmista tivesse isso em mente quando escreveu: "[Tu] me teceste no ventre de minha mãe" (Sl 139.13).

Pense nessa palavra. Você foi tecido. Você não é um acidente. Você não é resultado de uma produção em série. Você não saiu de uma linha de montagem. Você foi deliberadamente planejado, especificamente dotado e amorosamente colocado neste mundo pelo Mestre Artesão.

"Porque somos criação de Deus realizada em Cristo Jesus para fazermos boas obras, as quais Deus preparou antes para nós as praticarmos" (Ef 2.10).

Numa sociedade que tem pouco espaço para subordinados, essas são boas notícias. Numa cultura onde a porta da oportunidade se abre apenas uma vez e, então, se fecha rudemente, isso é uma revelação. Num sistema que determina o valor de um homem pelos dígitos de seu salário ou de uma mulher pelo torneado das pernas, deixe-me dizer uma coisa: o plano de Jesus é motivo para alegria!

Jesus disse a João que um novo reino estava chegando — um reino no qual as pessoas têm valor não pelo que fazem, mas em função de a *quem* elas pertencem.

O APLAUSO DO CÉU

Somos ideia dele. Somos dele. A cara dele. Os olhos dele. As mãos dele. O toque dele. Somos ele. Olhe fundo na face de todo ser humano da terra e você verá a semelhança dele. Ainda que alguns pareçam parentes distantes, não o são. Deus não tem primos, apenas filhos.

OUVINDO DEUS NA TORMENTA

Com Deus em seu mundo, você não é um acidente nem um incidente; você é um presente ao mundo, uma obra de arte divina, assinada por Deus.

> Você foi deliberadamente planejado,
> especificamente dotado e
> amorosamente colocado neste mundo
> pelo Mestre Artesão.

Um dos melhores presentes que recebi foi uma bola de futebol americano assinada por trinta atacantes profissionais aposentados. Não há nada de singular naquela bola. Tudo o que sei é que ela foi comprada na liquidação de uma loja de produtos esportivos. O que a torna singular são as assinaturas.

O mesmo é válido em relação a nós. No sistema da natureza, o *Homo sapiens* não é único. Não somos as únicas criaturas com carne, pelo, sangue e coração. O que nos torna especiais não é nosso corpo, mas a assinatura de Deus em nossa vida. Somos obras de arte dele. Somos criados à imagem dele para fazer boas obras. Somos significativos não por causa daquilo que fazemos, mas por causa daquele a quem pertencemos.

NAS GARRAS DA GRAÇA

Por um instante, imagine-se na seguinte situação. Seus últimos instantes com um filho prestes a ser mandado para o exterior. Os derradeiros momentos com seu cônjuge à beira da morte. Uma última visita a seu pai. O que você diz? O que você faz? Que palavras você escolhe?

Vale a pena notar que Jesus optou por orar. Ele escolheu orar por nós. "Oro por estes homens. Mas também estou orando por todas as pessoas que acreditarão em mim por causa do ensinamento destes homens. Pai, oro para que todas as pessoas que crerem em mim possam se tornar uma. [...] Oro para que essas pessoas também possam ser uma em nós, de modo que o mundo acredite que o Senhor me enviou" (Jo 17.20-21, paráfrase do autor).

Perceba que, nesta oração final, Jesus orou por você. Você precisa sublinhar em vermelho e destacar em amarelo seu amor: "Também estou orando por todas as pessoas que acreditarão em mim por causa do ensinamento". Essa pessoa é você.

Enquanto Jesus passeava pelo jardim, você estava nas orações dele. Quando Jesus olhou para o céu, você estava em seu campo de visão. Enquanto Jesus sonhava com o dia em que estaremos onde ele está, ele o viu ali.

Enquanto Jesus passeava pelo jardim, você estava nas orações dele. Quando Jesus olhou para o céu, você estava em seu campo de visão.

Sua oração final foi sobre você. Sua dor final foi por você. Sua paixão final foi você.

Ele então se volta, entra no jardim e convida Pedro, Tiago e João para irem com ele. Ele lhes diz que sua alma está "cheia de tristeza ao ponto da morte", e começa a orar.

Ele nunca se sentiu tão sozinho. O que precisa ser feito, só ele pode fazer. Um anjo não pode. Nenhum anjo tem poder para arrombar os portões do inferno. Um homem não pode fazer isso. Nenhum homem tem a pureza para destruir o clamor do pecado. Nenhuma força sobre a terra pode enfrentar a força do mal e vencer — exceto Deus.

Jesus revelou: "O espírito está pronto, mas a carne é fraca" (Mt 26.41).

Sua humanidade implorava para ser libertada daquilo que sua divindade podia ver. Jesus, o carpinteiro, implora. Jesus, o homem, olha para o buraco escuro e implora: "Não existe outra maneira?".

Será que ele sabia a resposta antes de fazer a pergunta? Seu coração humano esperava que o Pai celestial encontrasse outra maneira? Não sabemos. Mas sabemos, sim, que ele pediu para sair. Sabemos, sim, que ele implorou por uma saída. Sabemos, sim, que houve um momento em que, se pudesse, ele teria dado as costas para toda aquela confusão e ido embora.

Mas ele não podia.

Ele não podia porque viu você. Bem ali, no meio de um mundo que não é justo. Ele o viu jogado num rio da vida que você não havia pedido. Ele o viu traído por aqueles a quem ama. Ele o viu com um corpo que fica doente e um coração que enfraquece.

Ele o viu em seu próprio jardim de árvores retorcidas e amigos adormecidos. Ele o viu olhando para o buraco de seus próprios erros e a boca de sua própria sepultura.

Ele o viu em seu próprio jardim do Getsêmani — e não quis que você ficasse sozinho.

Jesus queria que você soubesse que ele já passou por ali também. Ele sabe como é ser alvo de uma conspiração. Ele sabe como é estar confuso. Ele sabe como é ficar dividido entre dois desejos. Ele sabe como é sentir o fedor de Satanás. E, talvez acima de tudo, ele sabe como é implorar a Deus para mudar sua mente e ouvi-lo dizer de maneira gentil, mas firme: "Não".

Pois é isso o que Deus diz a Jesus. E Jesus aceita a resposta. Em algum momento daquela meia-noite, um anjo de misericórdia vem sobre o corpo cansado do homem no jardim. Quando ele se levanta, a angústia se foi de seus olhos. Seu punho não mais se fechará. Seu coração não mais lutará.

A batalha foi vencida. Você pode ter pensado que ela foi vencida no Gólgota. Não foi. Você pode ter pensando que o sinal da vitória é a tumba vazia. Não é. A batalha final foi vencida no Getsêmani. E o sinal da conquista é Jesus em paz entre as oliveiras.

Pois foi no jardim que ele tomou sua decisão. Ele iria para o inferno por você em vez de ir para o céu sem você.

QUANDO OS ANJOS SILENCIARAM

Quando todo mundo o rejeita, Cristo o aceita. Quando todo mundo o abandona, Cristo o encontra. Quando ninguém mais quer você, Cristo o reclama para si. Quando ninguém mais lhe der atenção, Jesus lhe dará as palavras de eternidade.

OUVINDO DEUS NA TORMENTA

> Pois Deus fez com que Cristo, que absolutamente não conhecia o pecado, fosse feito pecado por amor de nós, a fim de que em Cristo fôssemos feitos bons com a bondade de Deus.
>
> 2Coríntios 5.21, CH[5]

Perceba as quatro últimas palavras: "a bondade de Deus". A bondade de Deus é a sua bondade. Você é a perfeição absoluta. Impecável. Sem defeitos ou erros. Imaculado. Inigualável. Inculpável. Insuperável. Virgem puro. Perfeição imerecida, mas ainda assim sem reservas.

Não é surpresa que os céus aplaudam quando você se levanta. Uma obra de arte em movimento.

"*Psiuuu!*", sussurram as estrelas. "Veja que maravilha de filho."

"Uau!", exclamam os anjos. "Que prodígio criado por Deus!"

Assim, enquanto você boceja, a eternidade suspira maravilhada. Enquanto você cambaleia, os anjos ficam perplexos. O que você vê no espelho como um desastre matinal é, na verdade, um milagre matinal. Santidade num roupão de banho.

Vá em frente e se vista. Vá em frente e coloque os anéis, apare o bigode, penteie o cabelo e cubra as manchas da pele. Faça isso por você mesmo. Faça isso em favor da sua imagem. Faça isso para manter seu emprego. Faça isso em benefício daqueles que precisam se sentar ao seu lado. Mas não faça isso para Deus.

Ele já viu como você realmente é. E no livro dele, você é perfeito.

Um dia na vida de Jesus

O que é importante para você é importante para Deus.

É bem provável que você considere isso verdadeiro no que se refere às grandes coisas. Quando a questão gira em torno de assuntos de suma importância como morte, doença, pecado e desastre, você sabe que Deus se importa.

Mas e quanto às coisas menores? Coisas como chefes irritados, pneus furados ou cachorros perdidos? E coisas como louça quebrada, voo atrasado, dor de dente ou um disco rígido defeituoso? Será que essas coisas são importantes para Deus?

Afinal de contas, ele tem um universo inteiro para cuidar. Tem de manter o equilíbrio dos planetas e ficar de olho em presidentes e reis. Existem guerras com as quais se preocupar e fome para saciar. Quem sou eu para falar com ele sobre minha unha encravada?

Fico feliz por você ter perguntado. Deixe-me lhe dizer quem você é. Na verdade, deixe-me *proclamar* quem você é.

Você é herdeiro de Deus e co-herdeiro com Cristo (Rm 8.17).

Você é eterno, tal como um anjo (Lc 20.36).

Você tem uma coroa que vai durar para sempre (1Co 9.25).

Você é um sacerdócio santo (1Pe 2.5) e um tesouro (Êx 19.5).

Você foi escolhido antes da criação do mundo (Ef 1.4). Você foi destinado para "uma posição de glória, fama e honra [...], um povo santo para o Senhor, o seu Deus" (Dt 26.19)

Contudo, mais do que qualquer uma dessas coisas — mais significativo do que qualquer título ou posição — é o simples fato de que você é filho de Deus. "Vejam como é grande o amor que o Pai nos concedeu: sermos chamados filhos de Deus, o que de fato somos!" (1 Jo 3.1).

Adoro essa última frase! "O que de fato somos!". É como se João soubesse que alguns de nós balançariam a cabeça e diriam: "Não, eu não. Madre Teresa, talvez. Billy Graham, tudo bem. Mas não eu". Se esses são seus sentimentos, João acrescentou esta frase especialmente para você.

"De *fato* somos [filhos de Deus]."

Assim, se algo é importante para você, então é importante para Deus.

ELE AINDA REMOVE PEDRAS

No livro de Deus, o homem está indo para algum lugar. Ele tem um destino maravilhoso. Estamos sendo preparados para caminhar pelo corredor da igreja e nos tornarmos a noiva de Jesus. Vamos viver com ele. Compartilhar o trono com ele. Reinar com ele. Somos importantes. Somos valiosos. E, além disso, nosso valor é intrínseco! Nosso valor é de nascença.

Sabe, se havia alguma coisa que Jesus queria que todos entendessem era isto: uma pessoa tem valor simplesmente por ser uma pessoa. É por isso que ele tratava as pessoas como tratava. Pense nisso. A moça pega num ato secreto indevido com alguém que não deveria — ele a perdoa. O leproso intocável que pediu para ser limpo — ele o tocou. E o caso do cego que causou desordem no caminho? — ele o honrou. E o velho falastrão viciado em autopiedade ao lado do poço de Siloé? — ele o curou!

Ouça com atenção. O amor de Jesus não depende do que fazemos para ele. De modo algum. Aos olhos do Rei, você tem valor simplesmente pelo que é. Você não precisa ter boa aparência nem bom desempenho. Seu valor é inato.

Ponto final.

Pense nisso por apenas um instante. Você é valioso simplesmente porque existe. Não pelo que você faz ou fez, mas simplesmente por ser quem é. Lembre-se disso. Lembre-se disso da próxima vez que você ficar flutuando no rastro do barco da ambição de alguém. Lembre-se disso da próxima vez que algum trapaceiro tentar colocar uma etiqueta de preço com valor baixo na sua autoestima. Da próxima vez que alguém tentar menosprezá-lo — como se você fosse algo sem valor, apenas pense em como Jesus honra você. E sorria.

Seu nome é Salvador

Adoração

Uma ampla visão de Deus

No dia em que Jesus foi adorar, sua própria face foi transformada.

"Você está me dizendo que Jesus foi adorar?"

Estou. A Bíblia fala sobre um dia em que Jesus reservou um tempo para estar com amigos na presença de Deus. Vamos ler sobre o dia em que Jesus foi adorar.

> Seis dias depois, Jesus tomou consigo Pedro, Tiago e João, irmão de Tiago, e os levou, em particular, a um alto monte. Ali ele foi transfigurado diante deles. Sua face brilhou como o sol, e suas roupas se tornaram brancas como a luz. Naquele mesmo momento apareceram diante deles Moisés e Elias, conversando com Jesus.
>
> Então Pedro disse a Jesus: "Senhor, é bom estarmos aqui. Se quiseres, farei três tendas: uma para ti, uma para Moisés e outra para Elias".
>
> Enquanto ele ainda estava falando, uma nuvem resplandecente os envolveu, e dela saiu uma voz, que dizia: "Este é o meu Filho amado de quem me agrado. Ouçam-no!"
>
> Mateus 17.1-5

As palavras de Mateus pressupõem uma decisão da parte de Jesus de se colocar na presença de Deus. O simples fato de que ele escolheu seus companheiros e subiu uma montanha sugere que essa não foi uma ação impulsiva. Ele não acordou numa certa manhã, olhou para o calendário, depois para o seu relógio, e disse "Opa, hoje é dia de subirmos ao monte". Não, ele havia se preparado. Ele suspendeu o ministério às pessoas para que o seu coração fosse ministrado. Como o lugar escolhido para a adoração ficava um pouco longe, ele teve de escolher o caminho correto e permanecer na estrada certa. Quando chegou à montanha, seu coração estava pronto. Jesus se preparou para a adoração.

Deixe-me perguntar-lhe uma coisa: você faz o mesmo? Você se prepara para a adoração? Que caminhos você escolhe para chegar ao topo da montanha? A pergunta pode parecer estranha, mas meu palpite é que muitos de nós simplesmente acordamos e aparecemos. Somos tristemente informais quando se trata de nos encontrar com Deus.

Seríamos tão relaxados assim com, digamos, o presidente da República? Suponha que você vai tomar o café da manhã de domingo no palácio presidencial. Como seria sua noite de sábado? Você se prepararia? Organizaria seus pensamentos? Pensaria nas perguntas e nos pedidos? É claro que sim. Deveríamos nos preparar menos para nos encontrar com o Deus Santo?

Somos tristemente informais quando se trata de nos encontrar com Deus. Seríamos tão relaxados assim com, digamos, o presidente da República?

Permita-me encorajá-lo a ir para a adoração preparado para adorar. Ore antes de ir, de modo que esteja pronto para orar quando chegar. Durma antes de ir, de modo que esteja alerta quando chegar. Leia a Palavra antes de ir, de modo que seu coração esteja leve quando você adorar. Vá com fome. Vá disposto. Vá esperando Deus falar.

SIMPLESMENTE COMO JESUS

ꟷ

Adoramos a Deus porque precisamos.

Mas nossa necessidade vai a passos de tartaruga diante da razão puro-sangue da adoração.

Qual a principal razão de aplaudir a Deus? Ele merece. Se cantar não fez nada além de cansar sua voz, se contribuir não fez nada além de esvaziar seu bolso — ou seja, se adorar não fez nada por você —, ainda seria correto realizá-la. Deus justifica nossa adoração.

De que outra maneira poderíamos reagir a um ser de santidade radiante, intensa, pura e incessante? Sem marcas. Sem manchas. Nenhum pensamento ruim, nenhum dia ruim e nenhuma decisão ruim. Nunca! O que fazer com tal santidade senão adorá-la?

Também há o seu poder. Ele mistura forças que lançam meteoros, fazem planetas orbitarem e acendem estrelas. Ordena baleias a fazerem jorrar ar salgado, petúnias a perfumarem a noite e pássaros canoros a encherem de alegria a primavera. Acima da terra, flotilhas de nuvens criam formas e mais formas; dentro da terra, camadas de rochas arqueadas se movem e se viram. Quem somos nós para permanecer numa esfera tão bela e tremulante, tão repleta de maravilhas?

O que dizer da ternura? Deus nunca tirou os olhos de você. Nem por um milissegundo. Ele está sempre perto. Ele vive para ouvir o bater do seu coração. Ele ama ouvir suas orações. Ele morreria por seu pecado antes de deixar que você morresse em seu pecado, e foi exatamente isso que ele fez.

O que você faz com um Salvador assim? Você não canta para ele? Não o celebra em batismo, não o exalta na Santa Ceia? Você não dobra o joelho, abaixa a cabeça, bate um prego, alimenta o pobre e entrega seu dom em adoração? É claro que sim.

Adore a Deus. Aplauda-o alto e constantemente. Para seu bem, você precisa disso.

E para o bem do céu, ele merece isso.

QUEBRANDO A ROTINA

O propósito da adoração é mudar a face do adorador. Foi exatamente isso que aconteceu com Cristo no monte. A aparência de Jesus foi transformada: "Sua face brilhou como o sol" (Mt 17.2).

A relação entre a face e a adoração é mais do que coincidência. Nossa face é a parte mais pública do corpo, a menos coberta. Também é a parte mais reconhecível. Não enchemos um álbum com os pés das pessoas, mas com fotos do rosto. Deus deseja tomar nossa face, essa parte exposta e marcante do nosso corpo, e usá-la para refletir sua bondade. Paulo escreve: "Todos nós, que com a face descoberta contemplamos a glória do Senhor, segundo a sua imagem estamos sendo transformados com glória cada vez maior, a qual vem do Senhor, que é o Espírito" (2Co 3.18).

Deus nos convida a contemplar sua face para que possa mudar a nossa. Ele usa nossa face descoberta para mostrar sua glória. A transformação não é fácil. O escultor do monte Rushmore enfrentou um desafio menor do que o de Deus. Mas nosso Senhor é capaz de dar conta da tarefa. Ele ama mudar o rosto de seus filhos. Com seus dedos, rugas de preocupação são eliminadas. Sombras de vergonha e dúvida se tornam retratos de graça e confiança. Ele relaxa mandíbulas cerradas e suaviza testas franzidas. Seu toque pode remover bolsas de exaustão de sob os olhos e transformar lágrimas de desespero em lágrimas de paz.

Como? Por meio da adoração.

Poderíamos esperar algo mais complicado, mais exigente. Talvez jejuar por quarenta dias ou memorizar o livro de Levítico. Não. O plano de Deus é mais simples. Ele muda nossa face por meio da adoração.

O que exatamente é adorar? Gosto da definição de Davi. "Engrandecei o SENHOR comigo, e todos, à uma, lhe exaltemos o nome" (Sl 34.3, RA). Adorar é o ato de engrandecer o Senhor. É ampliar a visão que temos dele. Subir até sua cabine para ver onde ele se senta e observar como ele trabalha. Naturalmente, seu tamanho não muda, mas nossa percepção dele, sim. À medida que nos aproximamos, ele parece maior. Não é disso que precisamos? Uma *grande* visão de Deus? Não temos *grandes* problemas, *grandes* preocupações, *grandes* questionamentos? É claro que temos. Consequentemente, precisamos de uma grande visão de Deus.

A adoração oferece isso. Como podemos cantar "Santo, santo, santo" e não ter nossa visão expandida? Ou o que dizer dos versos de "Sou feliz com Jesus"?

> Meu triste pecado, por meu Salvador
> Foi pago de um modo total.
> Valeu-me o Senhor, oh que amor sem igual!
> Sou feliz, graças dou a Jesus.[6]

Podemos cantar essas palavras sem que nossa face fique iluminada?

Uma face vibrante e brilhante é a marca daquele que se colocou na presença de Deus. Depois de falar com o Deus todo-poderoso, Moisés precisou cobrir o rosto com um véu (Êx 34.33-35). Depois de ver o céu, o rosto de Estêvão brilhava como o de um anjo (At 6.15; 7.55-56).

Deus é especialista em mudar a face do mundo.

Deus é especialista em mudar a face do mundo.

Deixe-me ser bem claro. Essa mudança é trabalho dele, não nosso. Nosso objetivo não é tornar nossa face radiante. Nem Jesus fez isso. Mateus diz que Jesus "foi transfigurado", e não que ele se transfigurou. Moisés nem mesmo tinha consciência de que seu rosto estava brilhando (Êx 34.29). Nosso objetivo não é fazer surgir alguma expressão falsa e congelada. Nosso objetivo é simplesmente nos colocar diante de Deus com um coração preparado e disposto e, então, deixar que Deus faça o seu trabalho.

E ele faz isso. Ele enxuga lágrimas. Ele seca a transpiração. Ele suaviza sobrancelhas franzidas. Ele toca nossa face. Ele muda nossa face enquanto adoramos.

SIMPLESMENTE COMO JESUS

Deus não existe para fazer algo grande a partir de nós. Nós existimos para fazer algo grande a partir dele. Isso não é para você. Isso não é para mim. Isso tem a ver com ele.

ISTO NÃO É PARA MIM

Pais, o que seus filhos estão aprendendo com a sua adoração? Eles veem o mesmo entusiasmo quando você vai a um jogo de futebol? Eles veem vocês se preparando para adorar da mesma maneira que se preparam para a viagem de férias? Eles veem sua fome de chegar, buscar a face do Pai? Ou eles os veem contentes em sair da mesma maneira que entraram?

Eles estão prestando atenção. Acredite em mim. Eles estão vendo.

Você vai à igreja com um coração sedento por adorar? Nosso Salvador ia.

Posso pedir a você que seja igual a Jesus? Prepare seu coração para adorar. Deixe Deus mudar sua face por meio da adoração. Demonstre o poder da adoração.

SIMPLESMENTE COMO JESUS

Deus tem um objetivo: Deus. "Tenho uma reputação a zelar" (Is 48.11, MSG).

Surpreso? Essa atitude não é — ousamos perguntar — egoísta? Não consideramos um comportamento assim como autopromoção? Por que Deus faz propaganda de si mesmo?

Pela mesma razão que o piloto do bote salva-vidas o faz. Pense da seguinte maneira. Você está se debatendo com água até o pescoço num mar escuro e frio. O navio afundando. O colete salva-vidas esvaziando. As forças no fim. No meio da noite escura, a voz do piloto do bote salva-vidas. Mas você não consegue vê-lo. O que você quer que o piloto do bote faça?

Que fique quieto? Que não diga nada? Que passe camuflado por entre os passageiros que estão se afogando? De jeito nenhum! Você precisa de volume! Som na caixa, meu amigo! No jargão bíblico, você quer que ele mostre sua glória. Você precisa ouvi-lo dizer "Estou aqui. Sou forte. Tenho espaço para você. Posso salvá-lo!". Os passageiros do naufrágio querem que o piloto revele sua supremacia.

Você não quer que Deus faça o mesmo? Olhe a seu redor. Pessoas se debatem violentamente nos mares da culpa, da raiva, do desespero. A vida não está funcionando. Estamos afundando depressa. Mas Deus pode nos resgatar. E somente uma mensagem é importante: a dele! Precisamos ver a glória de Deus.

Não se engane. Deus não tem problema de ego. *Ele não revela sua glória para seu próprio bem. Precisamos testemunhá-la para o nosso benefício.* Precisamos de uma mão forte para nos puxar para um barco seguro. E, uma vez a bordo, o que se torna nossa prioridade?

Simples: promover Deus. Declaramos sua supremacia. "Ei! Barco forte bem aqui! Piloto capaz! Ele pode tirar você da água!"

Os passageiros promovem o piloto. "Não a nós, SENHOR, nenhuma glória para nós, mas sim ao teu nome, por teu amor e por tua fidelidade!" (Sl 115.1). "Quem se gloriar, glorie-se no Senhor" (2Co 10.17).

O ar que você inspirou enquanto lia a última sentença lhe foi dado por uma razão: para que você reflita "a glória do Senhor" (2Co 3.18). Deus despertou a você e a mim nesta manhã por uma razão: "[Anunciar] a sua glória entre as nações, seus feitos maravilhosos entre todos os povos!" (2Cr 16.24).

ISTO NÃO É PARA MIM

Notas

[1] C. J. MAHANEY, "Loving the Church", fita de áudio da mensagem citada em Randy ALCORN, *Heaven*, Wheaton: Tyndale House, 2004, p. xxii.

[2] Charles SWINDOLL, *The Finishing Touch*, Dallas: World Publishing, 1994, p. 292.

[3] A frase é uma referência ao depoimento da ex-escrava Mary Barbour, relatando sua libertação da escravidão aos 10 anos. Ela conta que seu pai a acordou no meio da noite e toda a família fugiu em busca da liberdade no norte dos Estados Unidos. Mary estava com 81 anos quando narrou sua história, em 1937. Disponível em: <http://www.gutenberg.org/files/22976/22976-h/22976-h.htm#Page_78> e < http://www.learnnc.org/lp/editions/nchist-civilwar/4757>, acessos em 12 de jun. 2012. (N. do T.)

[4] Gálatas 5.22-23 aponta essas qualidades como o fruto do Espírito. (N. do T.)

[5] *Cartas para hoje*, paráfrase de J. B. PHILLIPS. São Paulo: Vida Nova, 1994. Grifo do original. (N. do T.)

[6] *Hinário para o Culto Cristão* nº 329, 3ª estrofe. Rio de Janeiro: Juerp, 1991.

Índice das fontes

Todo o material deste livro foi originalmente publicado nos livros de Max Lucado apresentados a seguir. O autor detém o *copyright* das obras originais. Embora todos os títulos estejam disponíveis em português, a seleção original dos textos desta obra foi traduzida exclusivamente para esta publicação.

3:16 — A mensagem de Deus para a vida eterna. Rio de Janeiro: T. Nelson Brasil, 2007.
21-22, 80, 117-118

A grande casa de Deus. Rio de Janeiro: CPAD, 2005.
74, 79, 88-89, 111-112

Aliviando a bagagem. Rio de Janeiro: CPAD, 2002.
57, 59, 78, 147

Aprenda a compartilhar um amor que vale a pena. Rio de Janeiro: CPAD, 2003.
45

Derrubando Golias. Rio de Janeiro: T. Nelson Brasil, 2007.
52, 60, 63, 113-115

Deus chegou mais perto. São Paulo: Vida Cristã, 1992.
12-15, 16-17, 19-21, 31-34, 88, 130-134, 137-138

Ele ainda remove pedras. Rio de Janeiro: CPAD, 2006.
54, 64, 71-72, 156-157

Ele escolheu os cravos. Rio de Janeiro: CPAD, 2002.
11-12, 116, 127

Faça a vida valer a pena. Rio de Janeiro: T. Nelson Brasil, 2010.
27, 80, 87, 90, 91, 101, 118-119

Isto não é para mim. Rio de Janeiro: CPAD, 2007.
59, 91, 91-92, 95-96, 164, 165-166

Nas garras da graça. Rio de Janeiro: CPAD, 1999.
45-46, 99, 101-103, 111, 112-113, 115-116, 151-152

O aplauso do céu. Campinas, SP: United Press, 2005.
34-35, 47-49, 150-151

O Salvador mora ao lado. Rio de Janeiro: CPAD, 2005.
22-24, 55-56, 97-98, 119, 121-122, 143-144

Ouvindo Deus na tormenta. Rio de Janeiro: CPAD, 2006.
27-30, 35-43, 54-55, 64, 92-93, 96-97, 107-108, 115, 117, 149, 151, 155

Quando Cristo voltar. Rio de Janeiro: CPAD, 1999.
57-58

Quando Deus sussurra o seu nome. Rio de Janeiro: CPAD, 2005.
73, 105, 135-137, 145-146

Quando os anjos silenciaram. Campinas, SP: United Press, 1999.
15-16, 65-69, 98-99, 108-110, 152-154

Quebrando a rotina. Rio de Janeiro: CPAD 2006.
85-87, 88, 89-90, 91, 92, 93, 161-162

Quem tem sede venha. Rio de Janeiro: CPAD, 2006.
56-57, 73-74, 74-75, 110-111, 146-147

Seis horas de uma sexta-feira. São Paulo: Vida, 1994.
119-121, 122-125, 138-139

Sem medo de viver. Rio de Janeiro: T. Nelson Brasil, 2009.
24, 26, 30, 58, 60-61

Seu nome é Salvador. São Paulo: Vida Cristã, 1987.
24-26, 30-31, 49-52, 61-63, 85, 100-101, 126-127, 128-130, 157-158

Simplesmente como Jesus. Rio de Janeiro: CPAD, 2000.
53-54, 63, 72-73, 95, 96, 105-107, 108, 110, 112, 128-130, 159-161, 162-164, 165

Um dia na vida de Jesus. São Paulo: Vida Cristã, 2002.
17-19, 75-78, 80-83, 139-143, 144-145, 155-156

Índice de temas

Conheça outras obras do autor

Max Lucado

- A árvore dentro da semente – *infantil*
- A história de Deus e a sua história
- Celebre o Natal com Jesus – *no prelo*
- Deus está no controle
- Na jornada com Cristo
- Seu nome é amor
- Seu nome é Jesus
- Você é importante para mim – *infantil*

Compartilhe suas impressões de leitura escrevendo para:
opiniao-do-leitor@mundocristao.com.br
Acesse nosso *site*: <www.mundocristao.com.br>

Diagramação: Arte Ação
Revisão: Daila Fanny
Gráfica: RR Donnelley
Fonte: ACaslon Regular
Papel: Lux cream 70g/m^2 (miolo)
Cartão 250g/m^2 (capa)